UNSTOPPABLE

锐不可当

——发掘隐蔽资产，更新企业核心并刺激赢利增长

〔美〕克里斯·祖克　著

于慈江　译

商 务 印 书 馆

2010 年·北京

Chris Zook

UNSTOPPABLE

Finding Hidden Assets to Renew the Core and Fuel Profitable Growth

Original work copyright ©Bain & Company, Inc.

Published by arrangement with Harvard Business School Press.

图书在版编目(CIP)数据

锐不可当:发掘隐蔽资产,更新企业核心并刺激赢利增长/〔美〕祖克
著;于慈江译. —北京:商务印书馆,2010
ISBN 978-7-100-06140-7

Ⅰ.①锐… Ⅱ.①祖…②于… Ⅲ.①管理学—研究 Ⅳ.①C93

中国版本图书馆 CIP 数据核字(2008)第 174106 号

锐 不 可 当
——发掘隐蔽资产,更新企业核心并刺激赢利增长

〔美〕克里斯·祖克 著

于慈江 译

商 务 印 书 馆 出 版
(北京王府井大街36号 邮政编码 100710)
商 务 印 书 馆 发 行
北 京 瑞 古 冠 中 印 刷 厂 印 刷
ISBN 978 - 7 - 100 - 06140 - 7

2010 年 11 月第 1 版　　　　开本 700×1000　1/16
2010 年 11 月北京第 1 次印刷　印张 14¾

定价: 32.00 元

致 中 国 读 者

哈佛商学院经管图书简体中文版的出版使我十分高兴。2003年冬天,中国出版界朋友的到访,给我留下十分深刻的印象。当时,我们谈了许多,我向他们全面介绍了哈佛商学院和哈佛商学院出版公司,也安排他们去了我们的课堂。从与他们的交谈中,我了解到中国出版集团旗下的商务印书馆,是一个历史悠久、使命感很强的出版机构。后来,我从我的母亲那里了解到更多的情况。她告诉我,商务印书馆很有名,她在中学、大学里念过的书,大多都是由商务印书馆出版的。联想到与中国出版界朋友们的交流,我对商务印书馆产生了由衷的敬意,并为后来我们达成合作协议、成为战略合作伙伴而深感自豪。

哈佛商学院是一所具有高度使命感的商学院,以培养杰出商界领袖为宗旨。作为哈佛商学院的四大部门之一,哈佛商学院出版公司延续着哈佛商学院的使命,致力于改善管理实践。迄今,我们已出版了大量具有突破性管理理念的图书,我们的许多作者都是世界著名的职业经理人和学者,这些图书在美国乃至全球都已产生了重大影响。我相信这些优秀的管理图书,通过商务印书馆的翻译出版,也会服务于中国的职业经理人和中国的管理实践。

20 多年前,我结束了学生生涯,离开哈佛商学院的校园走向社会。哈佛商学院的出版物给了我很多知识和力量,对我的职业生涯产生过许多重要影响。我希望中国的读者也喜欢这些图书,并将从中获取的知识运用于自己的职业发展和管理实践。过去哈佛商学院的出版物曾给了我许多帮助,今天,作为哈佛商学院出版公司的首席执行官,我有一种更强烈的使命感,即出版更多更好的读物,以服务于包括中国读者在内的职业经理人。

在这么短的时间内,翻译出版这一系列图书,不是一件容易的事情。我对所有参与这项翻译出版工作的商务印书馆的工作人员,以及我们的译者,表示诚挚的谢意。没有他们的努力,这一切都是不可能的。

哈佛商学院出版公司总裁兼首席执行官

万 季 美

致　　谢

首先,我必须感谢贝恩公司(Bain & Company)的委托客户们,是他们允许我的那些合伙人和我能够与闻一系列不平凡的企业业务,这些业务遍布于"集中关注—扩张—重新界定"周期(focus‐expand‐redefine cycle)的每一阶段以及全球的每一个角落。正如本书所证明的,业务运行的速度在不断加快,大企业高级管理人员的日常工作也变得更为复杂和紧张。对我们的委托客户们所给予的方方面面的支持和帮助,我深表谢忱!

我还要感谢我所有贝恩公司的合伙人。他们当中有 100 多人贡献了创意、时间、联系人、自己的工作成果、建议、指导、文章或最有价值的资产——他们的委托客户的接触渠道。作为一个团队,他们在我致力于写作本书及本书之前的两本姊妹篇的所有时间里,一直都给予了支持。我尤其要感谢贝恩公司阿姆斯特丹(Amsterdam)办事处的新同事们,以及办事处主任拉伊·弗瓦尼(Raj Pherwani)。感谢他们对于我这个新来的、试图把写书工作与这个地区的委托客户工作尽量协调好的合伙人的包容和支持。

实在很难知道哪些人应该被指名道姓地予以道谢,因为并没有真正合乎逻辑的分野。然而,一些合伙人在逐篇审读本书草稿时所表露的支

i

致谢

持、关注和甘愿，以及对关键性识见的分享与贡献，已经远远超出了他们自己惯常的做法的限度。贝恩公司的前三任董事总经理（managing director）——汤姆·蒂尔尼（Tom Tierney）、约翰·多纳霍（John Donahoe）和史蒂夫·埃利斯（Steve Ellis），自始至终地支持我完成这一系列书稿，即使当它有时占用了我可能在公司里一直在做的其他事情的时间。我感谢他们的信任。还有贝恩公司的董事长奥里特·加迪耶什（Orit Gadiesh），也自始至终地不吝于她的鼓励和建议。

史蒂夫·肖伯特（Steve Schaubert）一直是一个鼓舞者、一位明师，也是一名不知疲倦的审稿人，他审阅了我每一部书的所有草稿。而达雷尔·里格比（Darrel Rigby）似乎总能从排得满满的日程表中，挤出时间来审读草稿，然后发来总是能令我的思考转变方向的、极富创见的大量电子邮件。吉米·艾伦（Jimmy Allen），既和我同为贝恩公司"战略实践"（Strategy Practice）分部的联席主管，也是《回归核心》（*Profit from the Core*）一书的合著者，更是创意和活力的一个持久来源。基思·阿斯皮诺尔（Keith Aspinall）和弗雷德·赖克赫尔德（Fred Reichheld）也在整个写作过程中，贡献了他们的重要思想和创意。

研究动力和创意源源不断地从承担着支持"战略实践"分部任务的贝恩团队汹涌而来。该团队的灵魂人物雷切尔·科恩（Rachel Corn）不仅领导有方，还通读了本书成稿过程中的每一修改版，并设计或主持了其中许多关键性的分析，特别是"《财富》500强"的跟踪研究。我还要感谢众多为所有团队工作的优秀咨询顾问，他们为贝恩公司生成了成百上千种有用的模块或组件（module）以及案例研究。

马西·泰勒（Marci Taylor）对所有这三本书的研究都予以了支持，并进行了其中一些关键性的分析。譬如，在每一本书中都被引用过的、对市场领导地位的价值（value of market leadership）的分析。她还通读了每本书的每一部草稿。

贝恩图书资料馆的工作人员，特别是比尔·德怀尔（Bill Dwyer）和拉尔夫·丹吉洛（Ralph D'Angelo），总是能够迅速而有创意地不断帮助我收集准确的财务数据，或者查找那些湮没无闻的史实，以支持这项工作。我深深感激这些称职的专业人士。

温迪·米勒（Wendy Miller）作为贝恩公司市场部门的主管，聚集了一支非常优秀的团队，帮助我录入信息、起草写作、构思想法、组织样例以及编辑加工。我尤其要感谢出版总监（Director of Publishing）凯蒂·史密斯·米尔韦（Katie Smith Milway）和公关主任（Director of Public Relations）谢里尔·克劳斯（Cheryl Krauss）。此外，凯蒂团队的一位资深成员约翰·凯斯（John Case）对本书一个初期版本的部分内容，投入了大量的时间予以结构调整和重写，在其上留下了不可磨灭的印记。在萨曼莎·佩克（Samantha Peck）——她帮助核实了我们许多的企业故事和管理人员语录——的支持协助下，卡莎·彼得济科夫斯基（Kascha Piotrzkowski）仔细复核了本书的事实和细节部分的准确性。令人称奇的是，苏珊·多诺万（Susan Donovan）不仅是"主草稿保管员"（keeper of the master draft），还最终从十几处章节段落里，安排设计了无数的编辑与校订，并在整个过程中，做了许多更进一步的改进和完善工作。

梅林达·亚当斯·梅里诺（Melinda Adams Merino）作为哈佛商学院出版社的资深编辑，堪称是我所撰写的这三本书的全程"副驾驶"（copilot）。梅林达安排了一支由从封面设计到技术编辑领域的专家组成的出色团队，其中包括了制作编辑（production editor）①马西·巴恩斯-亨利（Marcy Barnes-Henrie）。每当我被难题困住时，她的团队总是能拿得出指点前行方向的确当识见；每当我失去了重心时，他们也总会把我拉回正轨。他们的出众才智，不断地把我从死胡同（dead end）或死板乏味的文字表述（dead prose）②中拯救出来。谢谢他们！

布伦达·戴维斯（Brenda Davis）在这三本书漫长的研究和写作过程

致谢

中一直担任我的助理。她见证了本书每一章节的每一份草稿,起草并润色了本书的手稿,处理了把所有这一切都完成的、复杂的后勤调度安排。同时,她在整个过程中,常常给我以精神上的忠告。在最后阶段,她甚至也搬到了荷兰的阿姆斯特丹——我度过大部分时光的地方,来帮助我适应新的环境并最终将本书完成。

在写作本书的过程中,我已完成了大部分针对首席执行官(CEO)们的差不多 50 场采访。我深深地感谢这些难有闲暇的老总们,能够于百忙之中在他们的公司里拨冗接待我,告诉我他们的故事,与我分享他们的想法或观点。我最大的担心,就是未能充分捕捉到存在于他们的评论和经验中的识见或洞察力。

最后要感谢的还有我的家人,特别是唐娜(Donna)——我结发 30余年的妻子。在本书的写作过程中,她和我一起搬到了阿姆斯特丹,并从自己暂时性残障的健康状况里,奋力走了出来。她这种积极的生命活力,也堪称"锐不可当"(unstoppable)。自始至终,她一直是这一写作项目的一位无私的支持者——给予了我"把它做完"(get it done)的空间、时间和鼓励,一如她在截止目前我的整个职业生涯里,以及长达七年的三本著作项目的写作过程中所曾做到的那样。而我的儿子安德鲁(Andrew)和亚历克斯(Alex),提供了撰写这些书籍的灵感,给予了我许多可用在著作和演讲里的、时新的比喻。每当我把事情看得过于严重时,我的家人总是能够令我脚踏实地,轻松应对。谢谢他们!

序　言

在商业领域,有些东西已经发生了根本性的变化。虽然很少有人把这种转变内在化为自觉的意识,其影响还是相当惊人和意义深远的。从现在①开始的未来10年里,由于破产或被并购,三分之一的企业将不再是独立的;另外的三分之一将在其核心内发生完全不同的改变,甚至也许会拥有一个不同的核心;只有剩下的三分之一还会与其今天看起来的样子相类似。

那么,这种变化是什么呢?看来,对于今天的大多数企业来说,对其核心的根本性威胁已经从那些罕见的事件转向了近乎平常的事件。而大多数企业对于这究竟意味着什么,并没有什么准备。许多行业里的业务的"天气模式",似乎已从不时发生周期性暴风雨的温和气候,转变为不时出现周期性季风的、常规性的暴风雨频仍天气。这一状况将会永远属实吗?有可能,但谁又知道呢?可以肯定的是,这将会是未来10年内的情形。

哈佛商学院出版社出版的我的头两本书——《回归核心》(*Profit from the Core*)(2001)②和《从核心扩张》(*Beyond the Core*)(2004)③——与对可持续的、赢利增长的寻求相关。这一项历时五年的工作主体是研究企业如何经常地忽略其核心业务的全部潜力,并因此在追逐热门市场或者更有诱惑力的新想法时,过早地放弃了它,结果却往往在为时已晚时才意识到了自己的错误。这两本书给出了这样一种系统方法:不仅可评估你的全部潜力,而且可以确保你不会落入如上描述的这一典型的陷阱。

然而,当核心本身遭受严重威胁时,又会发生什么呢?你如何能在为时已晚之前,识别出这种威胁的程度大小?你将怎样在你的业务的基本面里,作出明智的改变,以重新激起新一波的增长,而不是冒停滞不前或变得更糟的险?当你的成功模式似乎正开始早于你的预期达到一个极限时,该做些什么呢?

在仍然保持业务正常运行的同时,如何对你的业务模式进行根本性的变革是本书的主旨。换言之,它所讨论的是所有的企业如何最终趋近其增长模式的一个自然极限——某种要求企业在战略乃至核心本身上,作出相应改变的东西。那么,本书为什么会叫做《锐不可当》(*Unstoppable*)呢?它的题目不是应该反映某种终结的,而非持续或存留的状态吗?取这个书名的原因在于,我们所选择的、最切近地加以研究和概述的企业,是那些克服了重重困难、由劣势取胜(beat the odds)者。我们还分析了失败的类型,预测了由不同情势下的各种路径所提供的成功的几率。这些统计结果中的大部分都在全书中予以了报告。但是在叙述的方式上或过程里,我们更专注于案例的研究以及某些企业高管团队的介绍与描述,多年来,他们从对其核心的严重威胁中,奋力开辟了一条出路,并找到了一种对赢利性增长轨迹予以延续的方式。

这并不意味着这些企业永远锐不可当。没有一家企业能这样。事实上,我们的数据资料显示,随着整个世界运转节奏的加快,那些核心战略将要经历根本性威胁的企业的百分比也在不断增大。企业战略过时或失效得比以往任何时候都要快。但我们所重点介绍的这些公司,尽管从困境中逆势而上,还是找到了一种可以在相当长的一段时期内由"不可持续"状态走向"锐不可当"状态的方式。

我们主要的研究成果带来了一个积极的、令人惊讶的信息。几乎所有成功的故事,都将它们的更新重建建树在企业的"隐蔽资产"(hidden assets)④之上,就是那些以前曾被低估了的、没有认识到的或尚未被充分利用的资产。这些隐蔽资产并不是过去战略的重心之所在,但它们却持有开启未来的"钥匙"。此外,越是历史悠久和复杂的企业,越是具有找到有前途的隐蔽资产的可能性。这并不意味着来自于企业之外的那些新的能力、创意或技术不是关键的成分,事实恰恰相反。但它的确意味着,许多公司在没有意识到的情况下,已经持有了能赢得一盘牌戏的大部分底牌。在玩扑克牌这种也将技巧、运气和直觉融为一体的游戏时,如果你事先知道自己已经拥有了几张"A"牌⑤,那么比起完全依赖于发牌人来提供一套全新的牌,赢起来要容易得多。

相对于在自己公司的核心之内深入探寻以重新界定你的战略的举措,一些替代性的抉择或路径被证明要更为危险得多。它们包括:参加竞争下一个热点市场的比赛,或是买进押在下一个大技术上的"彩票",或是投标竞拍下一个大的转型性并购,或是奢望你的公司将奇迹般地变得更为"创新",从而将战略的威胁予以中和或抵消,甚而无须去正视它。虽然这些路径有时会带来声誉和财富,但我们发现,它们的成功几率并不高,而给企业组织带来的风险却往往比较大。仅仅依赖这些风险性的途径就意味着陷入了诱人但却危险的"塞壬之歌"(siren song)⑥的蛊惑之中。

撰写本书的信念成形于我的公司——贝恩公司(Bain & Company)一年一度的合伙人会议。在这次会议上,每个行业实践小组都举行了长达一天的讨论会来叙述它们对于所属行业的动态,以及对各类竞争对手所依奉的战略的看法和观点。随着从一个房间穿行到另一个房间对他们的陈述和演示进行采样和收集,我开始领悟到了一些东西:几乎我们所有的委托客户及其竞争对手们,都正面临着对于它们的核心业务所进行的、比以往更根本也更频繁的威胁,这就需要针对未来的战略进行更为广泛深入的思考。航空业情形的确如此。那些低成本的航空运载商(low-cost carrier)最终引发了大航空公司所作出的根本性的变革举措。传媒业的状况也是如此。从电影制作到报纸发行等众多领域的企业正看着它们过去数10年的成功模式"撞上了南墙"(hitting the wall),还看到了它们的股价飞速地下跌。拿电信业来说,其情状亦相仿佛。经营的聚合或趋同现象(convergence)与互联网的兴起引起了地震般的改变:曾经坚不可摧的堡垒,例如美国电话电报公司(AT&T)已经倒塌并被收购,而新堡垒的基础仍不够稳固。甚至许多基础产业企业的情况,也是八九不离十。它们遭遇到了更高动荡频度的湍流(turbulence)——往往与来自中国的竞争对手的出现以及对世界各地的供应链和成本结构所产生的涟漪或波及效应(ripple effect)⑦相关。

当我坐在一辆公共汽车上参观离上海不远的苏州工业园区时,由于与本书的话题相关,我深切地感受到了这一点。忽然,在车窗的外边,我看见了一条长长的黑色的带子,就像一条"麦比乌斯带"(Möbius strip)⑧,弯弯曲曲地围绕着许多建筑物。那是什么?当公共汽车驶得更近了,我意识到那黑色的带状长龙竟然是由成千上万的人所组成的行列——两人一行,安静地向一个敞开的窗口缓缓移动。那是专为工业园区举办的一个大型就业博览会。这看起来无休无止的如带人流,正在向一个在以每年七英里⑨的规模扩展、每四天就增加一个新工厂的园区输送着劳动力。深思下我意识到,也就在大约10年前,苏州园区还只是一片大的稻田。如今,它已经是一个拥有50多万人口的城市——一个中国版的淘金城了。

我意识到,数目比以往任何时候都要多的企业,将会进入这样一个时期,它们既往的核心业务在其目前状态下,已不足以维持赢利性的增长;与此同时,一个根本性的战略性转变已不可避免。对于那些有着好几万员工、成百上千种产品、服务着全世界成百上千万客户的企业来说,这样的变革可能会艰巨得令人望而生畏。

我通过一系列在短期内进行的、与许多企业主管的交谈,开始了这项研究。每一个都重复着同样的主题,然而却是在非常不同的行业中——包括个人电脑业、全球物流业、零售业再到报业。

这样的谈话反复进行,突然提问和搪塞回避,强调与反强调,直到它突然间停了下来。难解的问题却仍然悬而未决。冯国经(Victor Fung)曾这样问,他是全球主要的供应链管理公司之一的利丰公司(Li & Fung)首席执行官及集团主席。利丰公司是现代中国崛起的一个象征,是一个凭借隐蔽资产重塑其核心的企业的样板。我和冯博士是在他那间俯视着下面港口中无休止列队行进的货轮的香港办公室里进行的交谈。我不禁想到,这些轮船就像意志坚定的大黑蚁或蚍蜉(carpenter ant)⑩,在改造和重构世界的过程中,扮演着它们指定的角色。我们彼此讨论着有关根本性变革的挑战,而他的问题是:"中国有句古老的谚语,'有时为了获得新生,你先得一死'(Sometimes to be reborn, you first must die)⑪。在一个正在加速发展的世界里,企业将如何没有危机地充分变革?"

对于冯博士的问题,我那时还没有答案。直到调查了用于本书的数据资料时,我们才发现了重新界定的真正的关键所在:那些隐蔽资产。而且有很多这方面的数据资料。本书是建立在就我所知目前最大规模的一种研究——有关在一家企业的战略方向上,作出深度的根本性变革的模式和风险的基础之上的。信息资料的主要来源如下:

➢ 一个专门对七国集团经济体(G-7 economies)内的 8 400 家企业

运行情况或绩效表现进行跟踪的、有 15 年历史的数据库。

➢ 对从 1995 年至 2004 年期间美国 500 家上市公司的调查。既专注于它们的财务表现，也专注于它们在自己的核心内所作出的变革。

➢ 在过去 10 年里，许多大公司采用并实行的最大的 15 个"大爆炸"（big-bang）[12] 式战略的分析，连同一份当前结果的"记分卡"（scorecard）。

➢ 会同经济学人信息部（Economist Intelligence Unit，EIU）[13] 举行的两项针对企业主管的全球调查。一个被称为"增长调查"，实施于 2004 年 10 月。该调查就企业核心业务增长的挑战和障碍，对 259 名企业管理人员进行了询问。2005 年 11 月进行的"能力调查"是另外一个。这项对 240 名企业管理人员展开的调查，询问的是有关他们对作为一个竞争战略组成部分的新能力的需要。

➢ 对世界各地 25 个精选出来的、成功地正视了核心重新界定问题的企业所进行的深入的案例研究。这项研究包括了与那些首席执行官们以及管理团队其他成员的大量面对面访谈。

本书的附录描述了我们的研究方法。

本书沿着如下这一主题线索结束了这个三部曲系列：企业如何界定和增长它们的核心［《回归核心》（*Profit from the Core*）］，并突破其边界的限制，进入新的疆域［《从核心扩张》（*Beyond the Core*）］，不料有一天却发现它们需要重新界定和更新其核心［《锐不可当》（*Unstoppable*）］。我在贝恩公司作为其"全球战略实践"（Global Strategy Practice）分支的一个负责人，承担了这项研究。我没能意识到的是，在这个过程的早期，"集中关注—扩张—重新界定"（focus-expand-redefine）这一增长周期是如何加速发展的。因此，越来越多的管理团队将要比以往任何时候花费更多的时间，去面对其核心深处的根本性问题，乃至刚刚出现的危机。

本书探讨了企业如何能够提高其自身的能力，以充分认识到重新界定其业务模式的必要性；并展示了那些已被验证了的方法，以增加圆满完成这一虽然危险但往往又是必不可少的使命的机会。

本书正处于如下三组工作或研究成果的交会点。首先是有关企业彻底转变或突然好转（turnarounds）的文献，以吉姆·柯林斯（Jim Collins）的《从优秀到卓越》（*Good to Great*）⑭一书为代表。这本书专注于管理、领导力和企业组织。而本书则考察了企业绩效或表现的更新重建（performance renewal）的战略层面。

本书所依赖的第二组工作成果，是在困难的和低增长的市场中对于增长机会的搜寻。阿德里安·斯柳沃茨基（Adrian J. Slywotzky）和理查德·怀斯（Richard Wise）的《市场不增长时企业如何增长》（*How to Grow When Markets Don't*）一书，是一个关键的贡献。本书与该书的不同在于，它所考察的不但是低增长市场，而且还包括全方位的各种情势——当一种战略达到了一个极限，业务的基本面就会被质疑以及问题是下一步做什么时。

本书横跨的第三个领域是战略创新。这方面的工作成果包括如下两条线索。专注于强调做到如下几点是至关重要的：拥有一个你能转化到战略变革之中的、关于未来的新颖观点；同时，抢在竞争对手之前，对适宜的新的核心能力进行投资。加里·哈梅尔（Gary Hamel）和C.K.普拉哈拉德（C.K. Prahalad）出版于1994年的一本书《争夺未来》（*Competing for the Future*）是研究这一问题的商业经典。另一股思潮则探索了企业能够在它的核心业务模式之内创新，以找到尚未开发的市场的方法,用某些作者的语汇来表述的话,也即"空白"(white spaces)或者"蓝海"(blue oceans)。W. 钱·金(W. Chan Kim)[15] 和勒妮·莫博涅(Renée Mauborgne)的《蓝海战略》(*Blue Ocean Strategy*)[16] 是这方面的一本成功的近作。它提出了一个找到这些零星的尚未开发的市场机会的方法。本书与这一文献的不同在于,针对各种具有可能性的途径的成功率,它提供了经验或实证数据。同时最为主要的是它专注于利用隐蔽资产来提高成功几率并产生具有创新意义的新的战略选择。本书还提供了一种方法,用以解决当你过去的战略开始达到一个极限时该做些什么来解决这一难题。由于本书接续并完成了以持续的赢利性增长为主题的系列三部曲,它在所推荐的方法或途径的广度,以及在它所演示的管理团队实际运用的范围上,都是独一无二的。

一个关键而又令人惊讶的调研成果或发现是,核心的更新重建的最好蓝图(blue-print)很少需要对于远距离和热门的新市场的跨越,或是强制成为一项新技术的第一个采用者,或是要求一个"大爆炸"式并购。相反,在重新界定其核心战略上最成功的那些企业,利用的是那些已经在手的或它们容易获得的资产。在案例研究中,我们发现,关键性的资产往往被证明曾经是隐蔽的。而利用这些隐蔽资产能够使这些企业,在很短时间从不可持续转向锐不可当。

本书不仅为理解隐蔽资产如何能成为业务转型的关键提供了一个简单的分析框架,还给出了在本企业的业务中检测并运用它们的最佳方法和手段。

第一章 从不可持续到锐不可当

钻石号称"众神之泪",体现人类已知财富的最为浓缩的形式。世上没有多少物事,能够幻化出如此丰富集中的一系列经验和情感。地幔深层的灼热和高压熔铸了俗称为"冰晶"(ice)的原初钻石矿脉。而非洲艰苦谋生的村庄里的采矿工与印度熙攘繁忙的钻石中心的抛光工们,开掘和打造了为这个世界的精英们所竞相佩戴的宝石。作为一种往往与荒凉贫困地区相伴生或发生联系的反差强烈的产品,钻石已成为不朽或持久爱情的象征。

就宝石及其生产所诱发的全部情绪而言,几十年以来的钻石商业世界有如钻石本身:无色透明,高度稳定。作为探险者和冒险家塞西尔·罗德斯(Cecil Rhodes)创立于1880年的企业的赓续者,德比尔斯联合矿业(De Beers Consolidated Mines)掌控着世界各地的钻石供应,把持了20世纪全球所有已开采和销售钻石的大概四分之三的比重。它采取旨在维持稳定价格和保护利润的方式,将宝石配送到交易代理商手里。作为这家公司的董事长,欧内斯特·奥本海默爵士(Sir Ernest Oppenheimer)对这一策略作了明确描述:"只有根据市场需求限制钻石投放到市场上的数量以及仅通过一个渠道销售,才可以维持钻石贸易的稳定。"[1]

然而到了1999年,德比尔斯公司的成功运势像所有美好的东西一样"物极必反",看起来似乎已经走到了尽头。新上任的董事长尼基·奥本海默（Nicky Oppenheimer）和新的集团董事总经理加里·拉尔夫（Gary Ralfe）所面对的是一家市值已大幅下降、市场增长率变成负数、利润率趋近于零、占全球生产的份额下降至约40%的企业。当奥本海默和拉尔夫与股东、董事会其他成员、外聘的分析师以及企业的管理团队就这一状况进行讨论时，他们发现有关如何处理和因应这种被动局面的看法和见解，其实并不缺乏。

一些观察家们相信市场终会好转。他们认为关键是要挺住，即把目前这种局面再维持得长久一些：在削减成本的同时，利用德比尔斯公司独一无二的产业规模，重启已持续了一个世纪之久的货源与供给控制方略。然而，随着新的竞争对手的大举进入，事情的整个格局岂不是已被永远改变了吗？另外一些人则坚信，答案在于通过或者收购竞争对手或者投资于新矿源的方式，尝试挽回生产的市场份额。当然，德比尔斯公司业已开始对新矿源进行投资。问题是，在人造合成钻石发展势头正猛的新的竞争环境下，进一步的投资将如何重振公司的业绩？有没有这样一种可能：德比尔斯既往得以将自己与其他企业区别开来的、作为货源与供给掌控者的竞争差异的主要来源，终于已达至某种自然的极限？

德比尔斯最独特和最宝贵的资产之一，是它可赖以稳定市场上钻石的价格的、价值50亿美元的待加工钻石（原石）储量。然而，即使是这般规模庞大的原石资产，也已不再是一个有效的工具。其高昂的经济机会成本也正使它变得难以为继。一些持异见的激进者们则提议，或许德比尔斯应该主动承认钻石市场已盛景不再，并开始以多样化的经营姿态进军新的领域。但那岂不正是所有策略中最危险的吗？说到底，德比尔斯是钻石的同义语，钻石是其命脉之所系。

随着财政压力的日益增大，管理团队得出结论：如若只是单纯依循一种与过去所奉行的战略相近似的战略，德比尔斯面临的这种被动局面将不会逆转。他们认为,使企业复兴的答案,或许可以从德比尔斯许多以前未获充分利用的客户资产中觅得:强大的德比尔斯品牌,及其在消费者眼中作为该公司所称"钻石之梦"的载体或保管人的独特形象;该公司在价值链上所有切点中的、独特的客户接触和获取管道以及客户口碑;还有它作为世界上最具价值宝石的提供者的良好历史记录。也许,该公司可以找到某种方式来实现从竞争差异的一个基于供给的来源,向建立在这些隐蔽资产之上的一个新的战略的转化。

它的确找到了这样一种方式。

德比尔斯公司把战略重点从其最显在的资产——钻石矿和毛坯钻石(原石)的丰富储量,转向了那些隐蔽的资产——根植于该公司与消费者和客户间的独特关系,以及实际上与最优质的钻石类宝石同样珍贵的"德比尔斯"品牌的力量。这些资产及其力量在过去是隐性的,因为过去相当长时间以来货源供给驱动战略的成功实施,强制了对基于供给的资产的持久关注和倾斜。这一关注重心被德比尔斯公司与其客户之间正规而又几乎隐秘的关系所强化:这些客户以基本上要么接受要么放弃的卖家强势价格,批量购进不能事先验货的宝石。一旦颠覆既往战略的意图浮出水面,各种相伴随的想法和主意便迅猛地涌现,仿佛早已被"瓶装"或压抑多年:品牌战略、零售、珠宝设计、消费者细分以及德比尔斯视为"钻石梦"(diamond dream)的"伞"式营销理念,等等。

在接下来的几个月里,德比尔斯隆重推出了这一战略并开始予以实施,从而彻底告别其既往赢利模式。公司处理了其80%的钻石存货,并在引致需求的新方式及与每个细分客户更为接近等方面进行投资。它投入了品牌建设。它为分销商和珠宝商开发了新的产品思路,并开展了推销这些思路的新的消费广告运动。例如,德比尔斯成功开发出了三石戒指(以庆祝某种亲密关系的过去、现在和未来,或者一个宝宝的出生)、男士钻戒以及女用"右手"戒指——女士买给自己的、象征独立的钻戒。

堪称世纪首创，德比尔斯甚至重组了它的多层基本客户群，将直接合同对象极不寻常地限定为作为其核心基本客户群的"即看即持者"或称"看货会资格商"（sight-holders）①。所谓"看货会资格商"就是拥有赴会看货资格者，是指那些大的钻石交易商、切割商和抛光商们，他们有资格将待加工的毛坯钻石或称原石，直接从德比尔斯的专售会上买走，并把它们转售或变成用于未来售卖的成品宝石。一位对德比尔斯公司的历史和拟议中的未来有所了解的旁观者，在这一变革中质疑道："像德比尔斯公司这样一个直到最近还引以为荣地自称为'辛迪加'（Syndicate）的、强悍的市场操控者，在宣布这样一个戏剧性的 180 度大转变（volte-face）时，能真正被外界当真并加以重视吗？毕竟，单只是它前两个转变，将足够照亮过去隐晦不明的做法与实践，从而彻底变革宝石的贸易……这些新的规则将显著地改变这种关系。"² 它们的确做到了。

现任集团董事总经理加雷思·佩尼（Gareth Penny）解释说：

> 当公司高层团队于 1999 年聚在一起时，我们不得不作出重大改变的态势，就已经很明显了。你必须首先从一些大的问题开始反躬自问：什么是你的 DNA ②或遗传基因信息？什么是你真正擅长的？我认为大多数人都不太善于了解自己的核心在哪儿。我并不确定在 1999 年的时候，我们就已经对它或它如何发生变化有什么了解。

> 我们一直比我们预期的还要成功。我们已经从世界范围内的钻石珠宝的负增长，发展为每年的增长超过 3％，乃至最近超过了 5％。这在一个 600 亿美元的全球性产业中是一个重大成就。到了 2001 年，我们已将钻石部分的业务估值为 93 亿美元。与短短两年前只有 10 亿美元的估计值相比，有了相当大的变化[德比尔斯不仅仅做钻石生意。举例而言，它拥有

多元化经营的大型矿业公司英美资源集团（Anglo American）
35％的股权][3]。

世界上没有两种情势是完全一样的,而德比尔斯显然是一个有着与
众不同历史的独特的商业集团。只不过奥本海默、拉尔夫、佩尼及公司
管理团队其他成员所面临的令人痛苦的那些问题,却并非寻常:市场所
发生的这些变化是暂时的还是永久的? 它们会否以逐渐的而非突变的
方式发生,好让我们赢得时间? 或者,我们是处于加速陷入危机的引爆
点上了吗? 问题的解决方案能在业务结构调整、组织变革、基本的战略
方向转移,或者三者的某种组合中获得吗? 如果答案是战略性的,那么,
什么是前行的正确路径? 仅是一个小小的方向性校正呢,还是更大的改
变? 我当前该做些什么? 我怎样在致力于从根本上改变一桩生意或一
项业务的同时,继续经营它?

当你开始担心公司所依循的成功套路或程式可能或正倾向于临近
其自然极限或看起来失去势头时,你该怎么办? 有关这方面的讨论,正
是本书的主旨之所在。本书的研究重点是提炼和汲取世界各地那些开
始采取根本性战略转变以重振其业务的公司的经验和教训。我们致力
于弄清楚的是,那些似乎走在一条不可持续的道路上,且面临着正变得
越来越艰难的挑战的企业,在继续其业务经营的同时,如何重塑它们的
战略,重续它们的绩效。管理团队如何确认一条新的路线或方针? 在寻
求新的发展路线时,哪些方法最有效? 那些也适用于其他企业业务的可
重复利用的成功因素是什么? 企业如何从一个行动方向朝另一个进行
转换?

吉姆·柯林斯（Jim Collins）在其著作《从优秀到卓越》（*Good to
Great*）中,考察了取得显著和持久绩效改善的 11 个企业的非凡故事。
但本书关注的重点则是战略的转向或重新定位。柯林斯考察的公司,一

般并不重新界定自己的战略,而是重振其组织系统、管理方式和业务运作的活力。此外,本书深入探讨了隐蔽的战略资产在企业转型中所扮演的角色及其作用。这是《从优秀到卓越》一书并未究及的一个话题。

这么做的意图绝不是想要表明战略性变革就是答案。真实的情形往往正好相反。此外,发现一个"银弹"(silver bullet)③式神奇的棘手问题的速效解决方案也并非预期目的。相反,我的目标是想要提供一些可操作的透镜、基准和工具,以让那些开始意识到其企业过去的核心战略和竞争优势可能不敷未来使用的高管们利用。

"长远"的死亡

随着世界持续加快运转,以及产业动荡或湍流(turbulence)成为不再是例外的常态,需要重新界定其战略的企业比以往任何时候都要多。我们在贝恩咨询公司所作出的一项分析表明,在 20 世纪 70 年代,只有大约 15%～20%的产业可以定义为处身动荡或湍流,其特征是取胜之道发生了根本性的重大变化,在竞争对手如何定位自己与对方方面,也发生了迅速的变化。相比之下,现在我们估计,有多达一半的产业可以按以上定义,被认为是动荡或湍流产业。同时,很少有迹象表明这种局面将会很快结束。

在企业业务方面,管理队伍遭遇到必须进行重大战略转向这种拐点的频率正在增加。例如,在我们针对全球 259 名高管所作的"2004 年增长调查"中,有 60%的人报告说,他们核心业务中的主要竞争优势来源在迅速销蚀;65%的人表示,他们将需要从根本上重构用以服务其核心顾客的商业模式;72%的人认为,在五年之内,其主要的竞争对手将不会是目前与该公司竞争的主要竞争企业。这种对竞争压力的感知程度高于我们过去所曾见过的。

我们在贝恩咨询公司的研究团队对过去 20 年里的《财富》(*Fortune*)500 强企业进行了一项广泛详尽的分析。关注重点是这些公司所寻求和取得的变革的实际量。我们所界定的重大变化有：在核心业务方面，作出显著的看得见的方向性转变；调整一个大集团企业的业务组合；被并购；或是陷入破产境地。从 1985 年到 1994 年的 10 年间，约 49% 的公司经历过这种程度的变化；从 1995 年到 2004 年，这一比例为 57%。我们预测，在未来的 10 年里这一数字将上升至 72%（如图 1-1 所示）。

图 1-1 《财富》500 强企业的变化率

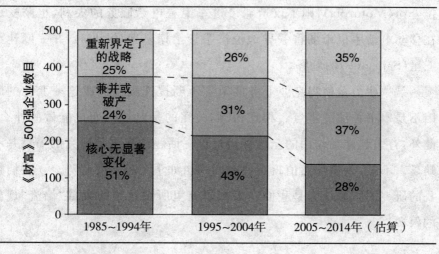

　　值得注意的是，我们发现 1994 年的 153 家"500 强"企业，甚至没能完好无缺地在下一个 10 年生存下去。它们要么破产，例如世通公司（WorldCom）和宝丽来（Polaroid）；要么被收购整合进更大的公司。而得以幸存下来并保持独立性的 347 家企业中，我们判断有 130 家曾经历了核心业务战略及其关键参数方面的根本性转变。换言之，这些企业中将近六成面临过生存或独立性方面的威胁。而只有约一半的企业能够通过重新界定各自战略的方式对抗这些威胁。

　　这些失败者也并非仅仅都是掉队或落伍者。事实上，一些公司在10年前以股本回报率（ROE）来衡量曾名列美国前25强企业。其中包括锐步（Reebok）公司，它在持续了10年的失败战略之后，于2006年被阿迪达斯（Adidas）并购。还有AT&T，它被西南贝尔（SBC）收购，后者保留了AT&T的品牌名称。哥伦比亚广播公司（CBS）的情形，更称得上是一个动荡曲折的"湍流"故事。它与西屋（Westinghouse）电气公司合并后，在新闻方面的领军地位被有线电视新闻网（CNN）迅速抢去；接着它又被维亚康母公司（Viacom）收购，并于最近与维亚康姆其他广播部门一道，被分拆为一个单独的媒体公司。至于正处于复苏期的摩托罗拉公司（Motorola），则不仅遭遇了进军卫星电话服务的失利，也蒙受了在移动电话手机市场将领导地位拱手让给诺基亚（Nokia），并一度让给三星（Samsung）的耻辱。

　　是哪些力量使得企业业务的节奏不断提速呢？造成这一变化的原因不是本书关注的重点。相反，我们关注的是对这一变化能做些什么。此外，有关起推动作用的全球性力量这一话题的高水平研究的书籍并不缺乏。不过，大概仍然值得花些时间列出如下七种主要趋势——它们被我的研究团队确认为是我们在案例研究里所观察到的大量"湍流"现象的根源：

- 所有信息的传递都更为快速：从竞争性举动、定价行为、客户出价到技术要诀
- 大批量资本流通和转移的速度加快
- 公司高管在企业间日益快速的流动，减少了竞争的障碍或壁垒
- 中国和印度新的（某些情况下）低成本竞争者的崛起，引发了许多行业内的"涟漪"或称波及效应（ripple effect）

- 最有利可图的新兴行业（如软件和生物科技业）内资本密集度的降低，使它们创立和合并得比以往那些行业要快
- 私募基金公司（private equity firms）的崛起和它们动摇、重组全部行业的能力
- 技术创新的持续加快，产品生命周期的缩短

有关这些话题真正令人惊异的统计数据堪称车载斗量。不妨罗列几条在将来可能尤显重要的。例如，紧随 2005 年的筹款荣景之后，过去五年里，私募基金公司运作的全球并购的百分比已经显著增加，从总数的 3% 跃升至 16%。2005 年，仅仅在美国，私募基金公司就筹集了超过 1 700 亿美元的资金。这一数额超过了此前四年加起来的总筹款量，并几乎和这一产业的历史最高值一样多④。这些专业买家正日益致力于搜寻这样的行业：它们可以在其间促成合并，或将一家领先的上市企业进行私有化重组，以使之远离没有耐心的公共市场的浮躁。

公共市场的没有耐心以及资本流动的速度加快，明显体现在每一普通股平均持有长度的显著缩短。它已经从 20 世纪 60 年代的八年，缩短到 20 世纪 80 年代的三年，再缩短到目前的不到一年。有关增长速度放缓或新兴获利机会出现的暗示或线索，导致资本像水银一样向未来的热门领域流动。对于处身其中的企业高管来说，这是一个无法回避的艰难境地。

难怪企业的平均寿命正在缩短，已从过去的大约 14 年，缩短到了 10～12 年。它实际上反映了企业首席执行官任期的缩短（从 10 年前的大约八年到目前的不到五年）。也难怪在我们的增长调查里，259 名全球高管中 80% 以上都指出，他们所实施战略的周期正在缩短。企业及其业务正变得越来越难以持续这一情势，将成为锐不可当者的难度以及代价在原本的基础上又多增加了若干年。

从不可持续到锐不可当

　　流行的大众媒体对战略性更新或重建的关注,往往比较侧重和突出那些声势浩大和场面壮观的方面。譬如,在公司创始者们的痛苦以及首席执行官随后被解雇的情况下,老对手康柏(Compaq)与惠普(Hewlett-Packard)合并以创建一个新的 600 亿美元的公司来对付戴尔;诺基亚经历了从以胶靴为其最有名的产品线的工业集团到一个全球性电信公司的蜕变;三星通过将几十个分公司剥离出去以及削减了三分之一劳动力等方式,重组其巨型集团——不仅把自己从一个品类杂和质量差的恶名昭著的多元经营企业,转变成了以消费电子产品为重心的质量领先者,而且将其市值从 1996 年濒临破产边缘的 20 亿美元,提高到了 2005 年的 780 亿美元,并成为其所处行业当中最为可怕的竞争者之一。

　　虽然成功的时候会有收入、利润和市场资本的增益,然而上述这些类型的案例,相对还是比较少见的。因此,也并不总是寻找普遍教训和经验的最佳所在。换言之,端点或极值点无疑是有趣的,且是数学和物理等学科中许多伟大的真知灼见的起点;但在商业业务上,它们却不一定是可以开始精心制定战略的地方。

　　相反,我们发现几乎所有成功的、相对持久的战略性重建或更新案例,都来自于企业核心业务内或与之相切近的现有资产。这类资产的未来潜力,通常是过去被忽视和低估了的。在我们有关成功战略再定位的 25 个案例研究中的 21 个里,隐蔽资产都构成了新的发展战略的关键。

隐蔽资产:企业锐不可当的关键

　　隐蔽资产,一如我在本书中所提及的,是你所拥有的某种东西中,尚未完全赏识或认清的价值、性能或潜力。公司越复杂、越大,你越有可能拥有无数隐蔽资产——其中有些很可能含有尚待开采的业务"金矿"的矿脉。

为什么如此珍贵的所有物或资产会处于隐蔽状态？原因很多。有可能是市场情况的变化使某种资产变得更有价值；也有可能因为资源约束，你没能处于一个可以充分利用某一资产的战略阶段当中；或者是因为你获得了一些新的能力，使得该资产对你来说比过去更有价值；还有可能是你把该资产置于了一个新的参照系下。所有这些情形的例子，都可在本书所描述的案例里找到。

在本书的许多故事里，所谓隐蔽资产指的是真正处于隐匿状态而未被注意的，只有在全力以赴开发新一代战略，以及对其赖以建立的竞争性差异资源进行搜寻的情境里，才会展露出来。或许最受广泛关注的一个重建故事是苹果电脑（Apple Computer）。通过利用自己在个人电脑业务中的设计与软件专长，该公司将其重心转向了音乐业务；在其网上在线音乐软件中，添加上新的功能以及与唱片公司相配合的数字版权管理。

出于多种原因，随着时间的推移，庞大而复杂的企业似乎在不断积累着这些隐蔽资产，并主要以其相对于过去而非未来的价值看待它们。作为一个结果，这些企业并不定期盘查、评估或跟踪这些资产，因为它们不出现在通常的财务或图表账户上。一项后勤支援服务的价值便是如此：它具有凭其自身的资格或质量成为一个独立运营企业的潜力。那些次核心或子核心业务（subcore businesses）的十足的潜力与此相类同。客户信息和专有知识的情形也是如此。最突出的则是诸如研发（R&D）、供应链以及持续的各类支援服务等功能型资产。

也许并不奇怪，我们失于跟踪和衡量的资产，通常被低估甚至往往得不到认可。当然，即便是仅仅发现所有隐蔽资产中的一个，也好像是从壁橱里寻找到一张落满了灰尘的名家绘画杰作。以下的例子将说明，那些确实地存在于我们眼前的资产是如何能拥有深刻的、未被意识到的价值的。

神奇娱乐公司:超级英雄的隐蔽能力

故事书里那突然间充满了特殊能力并完成了惊人功勋的人物形象,在我们年轻的时候强烈地感染过我们,占据着我们的想象空间:有一些既迷人又有希望的事物,很有可能会变得比我们更为强大,甚至成为超人。

蜘蛛侠(Spider-Man)本是一个木讷呆板的高中生。他突然便能飞檐走壁,凭依自产的超级强韧的网丝,悬空悠荡飞来飞去,且能敏锐地感知到危险的发生。他是在有一次被放射性蜘蛛咬伤后,获得了这些奇技异能的。在一次又一次的冒险中,蜘蛛侠与那些凡人不能奢望力敌的超级恶棍们大战。这其中包括绿妖(Green Goblin),一个通过意外接触实验性血清而具有了超人能力的邪恶商人。

神奇娱乐公司(Marvel Entertainment)推出的几乎所有英雄都遵循这样一种模式:本身或多或少透过外界力量得到转化和变异,获得了新的骇人听闻的能力。说起来仿佛是生活在模仿艺术,创造并控制着这一大批超级英雄的神奇娱乐公司,也曾经历了自身的更新重建,几乎像蜘蛛侠般令人惊奇地改变了它自身的形式。

1996 年,由于其浩繁的漫画书人物形象库藏的价值,不足以令其避开债权人的逼迫,神奇娱乐公司最终破产。然而神奇娱乐随即找到了新的掌舵人,也即后来(2005 年)最终成为该公司首席执行官的董事艾萨克·珀尔马特(Isaac Perlmutter)与创新型领袖艾维·阿拉德(Avi Arad)。经过一段时间的思考,这两人发现了一个可以显著地改变企业战略的方式。他们意识到,具有最大潜力更新重建该公司业务的资产,不是漫画书特许授权,而是其麾下作品里的一批品牌人物形象,这批数目超过

5 000个的漫画形象,会让漫画书从前的读者们,感受到强烈的怀旧依恋情感。因此他们决定与电影制片厂合作,把神奇娱乐的热门漫画形象变成电影明星。

这一招奏效了。

蜘蛛侠成为开路先锋,紧跟其后的是诸如"狼獾"(Wolverine)和"令人难以置信的绿巨人"(the Incredible Hulk)等兄弟角色。到2005年,来自于对电影角色与商品形象的授权的收入,占了神奇娱乐3.9亿美元收入的一半以上,以及1.03亿美元利润的大部分。

神奇娱乐公司变革的故事令人印象深刻。然而,尤其值得注意的是该公司如何在其隐蔽资产——利用不足和估值不够的角色形象与故事库藏——的基础之上,建立起新的战略。即使很少有其他企业能号召起像蜘蛛侠、狼獾和绿巨人等独一无二的动画角色,神奇娱乐公司所遭遇的基本性窘困——核心业务正临近增长的极限——却并非独一无二。

重新界定核心的路径

德比尔斯和神奇娱乐两家企业的复苏有其共同之处:两家公司都经历了自己行业里所发生的根本性变化——那些导致已成功实施了数10年的企业战略必须被放弃的变化;都面临着各种可能的选项,诸如从与竞争者联合以捍卫现状,到用现有资源进行投资以介入热点市场等;双方也都从过去利用不够的潜在资产以及从企业内反躬自求的有机战略(与断续性的突跃正相反)里,找到了答案。

两家企业都似乎在各自的轨道上停了下来,持续不下去了,然而它们各自的发展事实随后又都证明,它们是不可阻挡的,起码不会在那样的时间里,被那些势力所阻挡。

本书所着重的,正是这一企业成功重新定位的现实可行模式。然而,当压力持续存在和问题的最佳答案并不显在的时候,其他路径往往更有诱惑力。譬如,即使行业内发生了极端的变化,企业组织也能够捍卫现状;也能够利用剩余的资源,并把它们投向最热门的市场;或者,也可以尝试声势浩大的"大爆炸"式并购,乃至一系列其他形式的大转型。

捍卫现状

当公司竞争环境发生变化时,你可能选取的一个最直接的途径,就是捍卫现状。与此同时,或者寄希望于你所拥有的是一个被保护的专属或缝隙市场(niche)⑤位置,或者寄希望于其他人都是错的。当然,一个有潜力的变化规模可能会被高估。举例而言,在互联网泡沫期间,我们看到了那种高估的情形:关于互联网的"点击"(clicks),将如何迅速地把零售业等传统行业的店铺"砖地"(bricks)予以粉碎的宣示不可胜数。显然,这一情形发生的真实程度,比起许多专家的预测来要小得多。那一时期,超过99%的互联网初创企业,在网络泡沫破灭之后的三年内烟消云散。同时具有讽刺意味的是,争购互联网技术的往往正是那些所谓旧式经济企业。

然而,当一个成熟的产业技术基础发生了转移(例如从模拟技术到数字技术),或竞争规则发生了根本变化[例如发生于大规模零售或称量贩(mass retailing)里的情形],那些失于变化或变化不力的企业可能会被远远甩在后面。我们确认了16个符合这些具有根本性变化情形的行业,并对那些主要参与者的命运进行了追踪。我们发现,平均而言,在这些情形下维持企业现状的公司所赚取的回报,远低于不这么做的企业。在某些案例中,旧模式的维护者似乎有意选择现状[博德斯书店(Borders)⑥也许即是如此];在其他的案例中,守旧者似乎无能为力[如摄影器材商宝丽来(Polaroid)]。然而,变化往往来得异常迅速。例如,五年前,随着太阳计算机系统(Sun Microsystems)⑦股价按营业收入和拆股调整后计算上涨至每股超过 60 美元，一位分析师将该公司称为"因特网基础设施领域的领袖"。然而五年后，太阳计算机系统股票的售价，却跌至不到四美元，其中 80% 的股价缩水。这一切恰恰发生于这个高峰期断言发出后很短的一段时间之内。

"大爆炸"式转型举动

2000 年 1 月，在互联网泡沫即将破灭之际，互联网门户网站美国在线（America Online）针对媒体巨擘时代华纳（Time Warner）的 1 500 亿美元并购，被大张旗鼓地予以宣布。分析家和新闻记者们似乎都对这一潜在的转型举动充满了敬畏之心。一家因作风低调、不动声色而很少被关注的出版物，不仅把该交易醒目地放在了封面上，而且在文章的第一段里，将该事件说成是："那类有可能从根本上彻底改变整个竞争格局，以至于使得任何事都将无法维持原样的事件之一。"[4] 然而，这两家企业现在又正处于合久再分的局面。过去的合并证明了整体效应小于而非大于部分之和。然而当初又有谁能料得到呢？

重新界定的战略很少产生自像美国在线与时代华纳合并那样的"大爆炸"式转型举动。而即便有这样的情形，成功率也很低。类似的例子包括：全球医药和保健业巨头麦克森（McKesson）通过并购医疗软件商 HBO & Co.[⑧]，从而从药品分销转向医疗信息技术的举动；奢侈品领军企业路易威登（LVMH）通过并购 DFS 免税店集团，进而涉足零售业；以及 AT&T 在有线电视领域的并购行为并买下移动电话商麦克考（Mc-Caw Cellular），等等。

通过确定过去 10 年里 15 家最广为流传的"大爆炸"式转型案例，我们对这些战略进行了系统研究。通过对主要业务转型的新闻故事进行筛选，并将只是行业整合而非业务范围或经营模式方面的根本性变革的那些战略排除，我们编制了这份名单。这些"大爆炸"式案例的大多数都包括了一个或多个大型并购，并且往往伴随着内部重组，以及用以补充大举动的增长举措或动议。

我们对这些战略结果所作的分析值得深思。在此期间，15 家企业没有一家将其市值提高到了超过股票市场平均值的水平。事实上，15 家企业中的 11 家，经历了市值的下降，其中七家的下降值更是超过了 50%。作为一个比较，我们对 1990 年到 2002 年间，七国集团经济体中五亿美元以上规模的 2 000 多家公司的一个对照组进行了考察。我们发现，其中只有 30% 的上市公司（那些仍然存在者）的股票市值下跌了 50% 以上。虽然某种程度上，这仍然是一个让人吃惊的数据，但相比之下，有接近一半的"大爆炸"战略家目睹了自己公司的市值下降了 50% 以上。我们同时也将分析结果与同一行业其他公司的一个指数进行了比较。结果发现情形基本相同：只有大约 30% 的同行业公司的市值下跌超过 50%。

那么，究竟是什么导致了这种差别？显然，每一种情境都涉及一个详尽的解释和一组因素。事实上就一些案例而言，做如下的辩称是可能的：假如公司没有施行一个大的举动，那么它的情形将会更恶劣，即使市值并没有把这一点体现出来。但是，当我们逐个案例地考查为分析家和行业观察家们所确证的那些原因时，可以明显地看出这些公司其实面临着共同的挑战。核心业务之中大的复杂的问题，很少能够通过单一举动得到解决。通常，大举动是等待得太久继而蹒跚前行成一个大的行动的结果。此外，实施一个大举动，比起循序渐进地利用隐蔽资产进行转型——如果这样一种替代路径能被及时地发现——要困难和复杂得多。

热门市场的冷酷事实

"大爆炸"式转型举动的另一个版本或许是将公司的重心向一个新的热点市场转移的决定，也即从目前的核心业务偏离迈向多元化经营。

无论对那些似乎已在低增长的行业里泥足深陷，或其阵地似乎失守的公司来说，还是对那些仅仅只是厌倦了自己的核心业务的企业而言，这一战略都是一个很大的诱惑。实际上，"大爆炸"式举动创造收入和股票方面有利可图的增长的成功几率，明显低于10%。与此同时，向与一个强核心只有一步之遥，并建立在公司现有知识和资产基础之上的新增长平台迈进的举动（比如说，它们涉及向新的细分客户群、分销渠道或与该公司当前业务非常切近的价值链上某个环节的扩张）的几率或胜算，则要好得多。这些举动的成功率至少有30%到40%。

从你的核心脱离则如同玩彩票，是并不比轻率的投注或押宝更为高明的一种增长战略[5]。尽管风险是显而易见的，这么多年来，我们还是在数以百计的案例里看到了这一情景：维旺迪（Vivendi）从水务转到娱乐业；摩托罗拉从工程产品转到无线服务；康宁（Corning）从厨具转到光纤。有很多事例都印证了这一点。

譬如，20世纪90年代初期，脉冲星集团（Grupo Pulsar）是墨西哥一家非常成功的集团企业。不仅经历了五年26%的增长，而且通过名下的保险和烟草制品储备，将利润增加了八倍。期望着以多样化的姿态进入更快速增长的行业，公司遵循了一个被迅速实施的战略——即进入并巩固生物工程种子（bioengineered seeds⑨）市场。其结果是一场灾难。随着该公司因一次又一次未能履行银行契约，以致倾覆失控，其股票价格从2000年年初的4.50美元一股跌至该年年底的几近于零。企业所剩无几的资产最终为孟山都公司（Monsanto）买下。一家曾经不断增长着的企业就这样被换成了一张通往灾难的机票。

这并不意味着企业在前进的道路上，不应该趁着某些独一无二的机会或识见出现时，做出一些小的投机性举动。事实上，有意识地埋下未来发展的种子以及了解各种可能的机会至关重要。这也并不意味着从一个市场向另一个市场转换核心是错误的。本书中一些关键的范例，例如珀金埃尔默公司(PerkinElmer)的转型便涉及了这种转换。但基于对一个热点市场的研究,来制订"拿企业赌一把"(bet the company)的各类计划,却注定是一场输家的游戏。特别是当存在一种重新界定你的核心业务的、更稳健的渐进方式时,情形就更是如此。这其中包括逐步沿着现有的、行之有效的增长方向转换你的重心,使用你所拥有的或已经掌握但没有充分开发利用的资产,或通过高度集中的新能力的获取来转变你做生意的方式,等等。

通常,重新定位并不意味着寻找一个新的热点市场,而是寻找一个更可行更具可重复性的增长方案或程式(formula for growth)。《蓝海战略》一书,描述了一种能被用来侦测那些未曾触及和未被服务过的,或全新的正在兴起的市场的方法。这两个作者的方法,可以用来确定赢利的新增长机会。这一战略和我们这里讨论的如下话题有关,但不尽相同:是现有业务对未来的崭新的情况和形势的适应,而非对新的增长点和有关未开发市场的创新思路的单纯寻找。

战略性重新界定的胜算或成功几率

以我们的研究和广泛的文献回顾为基础,对于成功几率的描述和展开,贯串于本书的始终。由于企业的具体情况——业务实力和所处具体行业的动态,以及衡量成功的方式的选择——各异,这种几率也会有很大不同。不过,"大爆炸"式转型举动、较大范围的多样化、无视于业内规则的改变仍固守现状等极端战略的成功几率,在大多数情境和研究视角下,却有着明显的一致性——那就是都极端低微。然而,每个路径都显示着它独有的诱惑力,一如当你击出的高尔夫球落在树林里时,林中通向一片遥远的绿色的窄窄的空地,引诱着你偏离一条更安全的路径:热门或热点市场以其增长的承诺以及你可能成为赢家的机会来吸引你;

"大爆炸"式举动以其大胆行动的决断性相诱惑；现状维持的策略则提供虚幻的安全感——逃避风暴的临时庇护所。但要是风暴结束不了呢？

一些最糟糕的、少于10％的成功几率或胜算，来自于当你的市场已处于动荡不安的湍流之中，竞争对手及客户们的动态情状已改变了基本的竞争规则时，还锲而不舍地对现状进行捍卫。扮演"最后的留守者"(last man standing)或撤退到可以坚守一阵的专属或缝隙市场是可能的。不过，眼瞅着整个行业在剧烈地变化，而能免于对自己进行重新界定的情况则实属少见。我们这里的数据，主要来自于对16个湍流产业以及其中选择各种不同路径的企业命运的分析。美国在线时代华纳公司的"大爆炸"式转型举动的成功几率也相当差，充其量约5％至10％；跨越到一个新的热点市场（如维旺迪所尝试的）的几率也不高，约10％至15％。

经由全力投入一个新的热点市场所实施的转型的低成功几率，并不意味着更为风险的路径一定是不合宜的。但却的确意味着对成功几率有所了解并致力于确保自己清楚地知晓所有的选项是至为紧要的。的确，由隐蔽资产所开辟出来的低风险路径，虽然通常是最佳路线，但也可能是在体现了湍流产业环境特点的混乱状态里，所最不容易依循的。真正的悲剧将在于：仅仅因为看起来更明显，就顺着没有前途的路径被动前行。

通过隐蔽资产提高胜算

在获奖影片《阿波罗13》(Apollo 13)里，置身外层空间的一个太空舱里的机组人员发现，他们正在失去空气供给。于是，他们以如下让人难以忘怀的轻描淡写，向地面控制站呼叫："休斯敦，我们面临一个问题。"地面上许多科学家们聚集在一起，试图弄明白该为此做些什么。他们很快地要求对方提供一份太空飞船内所有东西的完整清单——从内衣到口香糖,再到封管胶带。缘着这些琐屑物件(humble object),答案浮出了水面,一个解决方案也被制订了出来。最终,机组人员获救,被安全地带回地球。该影片是基于美国宇航员的真实经验而拍摄的。这便使得故事尤其令人信服。

本书所考察的诸多案例,都是用存在着问题的业务里的"琐屑物件"——可能被置于一个光线迥异的地方,或至少被用一种不同的紧迫性来观照,显示了通往安全地带和增长机会的首选路线。这种建立在你已经可以触及和掌握的资产基础之上的解决方案的成功率,比刚刚讨论的其他三条一般路径,要高四至六倍。

具体来说,如下三种类型的隐蔽资产脱颖而出,成为我们案例研究中的战略更新或重建的关键因素(表1-1)。本书第三章至第五章,将依序逐一对它们进行考察:

- 价值被低估的业务平台
- 未经开发的客户资产
- 未尽其用的能力

表 1-1 重新界定中的隐蔽资产

业务平台	客户资产	能力
未开发的邻接地带	未被认知的细分客户群	隐蔽的企业能力
行业核心的支持性组织	特许准入或特殊信任	行业里的非核心能力
非核心业务和"孤儿产品"	未尽其用的数据和信息	行业里未尽其用的核心能力

价值被低估的业务平台

被低估的业务平台是你的业务的组成部分。它们可能一度在重要性排序上,被以较次等级视之,但现在具有了成为一个新的重大核心业务的基础潜力。这些类型的隐蔽资产,通常采取如下三种主要形式的其中之一：第一类是所谓"业务群岛"（business islands），指从来没有得到充分开发的小的子核心业务，或一组从未在一个集中战略下，予以投资的"孤儿产品"（orphan product）⑩。

第二类是所谓邻接扩张（adjacent expansion）⑪（例如，向新的地域、细分客户群、价值链环节或分销渠道等的推进）。这类平台对增长的贡献一度是附带的、非主流的，但现在已凭其本身的质量，拥有了规模、力量和独特性。

第三类被低估的业务平台，是企业的核心的内部支持功能。它不仅自身能够进阶为世界一流，而且其接触面也能够变得更为广泛。举例来说，IBM 过去 10 年发生的了不起的复兴，就是建立在一直隐身于其主打硬件业务后台的、一个小小的服务业务之上的。我们将在本书第三章里深入描述的珀金埃尔默公司（PerkinElmer）的转型，也是围绕着分散在其整个科学仪器行业里的一条生命科学产品线设计的。

未经开发的客户资产

未经开发的客户资产来自于三种主要形式。首先，是作为服务客户内容的一部分而聚集起来的知识。经过一段时间后，其本身积聚了较大的内在价值。当美国运通（American Express）全神贯注于一种独特的资产时，该公司的重建开始见效。这种资产就是其支付网络提供有关顾客和商家要什么及如何将其送达给他们的识见的能力。

隐蔽的客户资产的第二种形式，来自于你所拥有的和一批客户间的独特的信任身份或关系地位，它能给予你比已被意识到的要多得多的介入机会（接触渠道）和影响力。德比尔斯公司（De Beers），便是将转型建立于公司未经开发的品牌魅力和客户口碑基础之上的一个例子。

客户资产的最后一种类型，来自于当公司利用新的方法分解其基本客户群（customer base）⑫时所呈现出来的隐蔽的细分客户群。这些新的细分客户群往往有能被一种新的、更集中的商业模式来最大限度满足的需求。虽然只是一项尚在进行中的工作,耐克公司(Nike)针对某一特定微细分客户群,低成本地生产一类鞋的能力是这方面的一个恰当的例子,如它所制作的以城市时尚领军人物为服务对象的"卡通先生"(Mister Cartoon)刺青版皮质科尔特斯(Cortez)复古休闲鞋系列。如果耐克的能力——它的供应链和设计店——允许它有利可图地定位于微细分客户群(microsegment)的话,那么,它在客户方面的识见连同其服务于新细分客户群的能力,将给予它一个胜过竞争对手的、能够改变鞋业竞争生态的营销和生产优势。

未尽其用的能力

未尽其用的能力或许是最难辨识的隐蔽资产,但却并非不够强大。多数将阵地丢给攻击者的市场领先者之所以丢城弃地,是因为在成本、速度、物流、设计以及能否向客户完美交付等方面呈现出来的能力差距不断地在增大。换言之,在这种竞争性逆转的根基处,我们往往会发现一个过去未被察觉、未予考虑或未加重视的能力差异。

同样,在我们的一些案例研究里,那些设法击败了竞争对手的企业,已在一种为它们过去所拥有,但却未使用或没能充分开发的能力之上,建构了它们新的战略。例如,电脑辅助设计(CAD)软件巨头欧特克(Autodesk)让人印象深刻的转机,便基于下一代建模和三维图形的优越性上。它们帮助该公司以绕过竞争对手的方式,深入到了自己的垂直细分市场。

成功率

基于我们的分析和其他业务转型研究所得出的成功几率的一个展示,参见图1-2。引人注目的是其中两类路径间的巨大差距:一类是利用能从中找到这样一种路径的那些隐蔽资产的有机方式(organic approach),另一类是一些替代性路径——从不论周围如何发生变化自己始终坚守现状,到以多样化经营的姿态迅速进入一个热点市场,再到尝试采取"大爆炸"式的举动。在提高回报率和推动新的增长方面,利用隐蔽资产的那些方式奏效的机会大约为三分之一;而其他方式的成功率,则在接近十分之一处徘徊。

在所有这些案例中,有关隐蔽资产的识见产生自运气(即资产正好存在)、愿景(vision)(有一个关于公司希望日后做什么的想法)、逻辑(用来系统地思考企业业务及其潜在经济意义的一个框架),以及直觉或侧向思维⑬等的一个综合作用或效应。贯穿本书,我强调和突出了你能够用来增加对隐蔽资产价值的认知机会的办法。希望能帮助你用新的各种方式看待你的业务——就好像戴上了偏光眼镜,能让你透过水的眩光辨认之前未曾欣赏的类型或模式。

图 1-2 当核心(业务)的规则改变时,不同战略的成功率

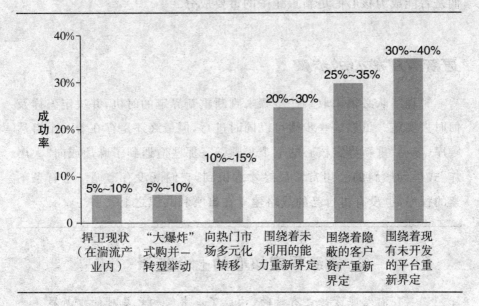

当然,也存在着不可为的情形或案例:当一种业务模式太过陈旧,以至于没有任何突破或更新重建是可行的。在这些情况下,答案或许是与另一家公司合并,或将你的业务缩小到可持续经营的小部分,甚至最终退出。这类举动总比空有制胜的因素在手却放弃战斗显得更令人振奋。

为帮助那些面临着重新界定其战略的前景的管理人员,本书做了四件事:

首先,提供了我们曾目睹企业跟进或依循的主要途径的成功率的证据。确认了并非所有的公司都能找到一条更新重建的路径。许多企业停滞了一段时间后,或选择退出,或出售给竞争对手。

第二,使用例子、定义和统计数据,来帮助识别在界定和实施积极的变化方面,我们认为最有价值的主要隐蔽资产类型。

第三,提供了一系列案例,而且往往来自于企业高层本身的现身说法。每个个案都包含了为面临着相似挑战的他人提供的具体教训和启示。

最后,提供了一些用以探测隐蔽资产的具体框架和思路。探讨了它们是否能成为核心的更新重建中的重要成分。

更新重建核心的步骤

管理团队必须采取某些步骤来判断重新界定的时机,并决定怎样及何时去实施。虽然这些步骤可以同时进行,但最终还是存在着一个自然顺序(参见"重新界定核心的七个步骤")。那些遭遇到了麻烦或向"大爆炸"式举动倾斜的公司常常最终才意识到,它们既没有遵循一个有条不紊的程序,也没有将自己的战略建立在事实和共识之上。

重新界定核心的七个步骤

我们发现最行之有效的、构成了本书架构之基础的重新界定程序是：

1. 确立一种有关你的行业内日益逼近的湍流的观点，其中包括对将要产生变化的速度的看法（见本书第二章）。关键指标包括行业内当期和预期赢利的跨市场分布、业务模式、替代者以及价值链的环节。湍流的统一思考框架是业务的"集中—扩张—重新界定"周期以及本书第二章所界定并讨论的产业利润空间转移。

2. 对你的业务的"核心状态"（state of the core）进行评估。根据已查明的趋势服务于核心客户（参见本书第二章的诊断方法）时，要特别关注竞争差异化的来源，因为什么可能发生。

3. 为新的抵达点确定第一套选项组合——以被你刚刚界定了的出发点为前提。湍流情境下的战略通常为一项业务展示出一组不相关联的、独特的选择（相对于同一事物的增量变化而言）。

4. 对企业组织进行透视，以寻找隐蔽资产。它们能够创造新的选项、改进现行选项或改善你实施那些选项的能力。这些隐蔽资产——它们是什么及如何找到它们——是本书第三、四、五章将要讨论的内容。

5. 完善选项组合——基于对隐蔽资产已获得的了解。并持续在第三、四、五步骤之间重复，直到你相信你已充分开发和理解了所面临的、有关重新界定核心战略的战略性选择。

6. 以明确、一致认可的标准来评估这些选项。我们发现，这种评估的最重要的成分包括：在一组核心客户之间能被确切不移地区分开来，并使这一差异化地位得到有效保护的能力；为重新定位过的战略添加所需要的新性能的能力；企业的实施能力。我们的研究表明，着手于新战略的企业，往往需要经过一个时期的经营重组,以绷紧企业组织的"神经"并使其在变化的进度和所需资源方面"战斗准备就绪"(battle ready)。

　　7. 进入全面动员阶段。有关动员的一些关键要素,将在本书第六章讨论——虽然这并不是一本有关"变革管理"(change management)⑭细节的书。三个特别需要关注的领域是:1)保持极高水平的清晰沟通,并建立起一直通往前线的共识;2)建立一个实时衡量进展情况、进行学习并作出路线或方向校正的机制;3)建立一个处于核心的项目办公室,以监测进展,提供帮助,解决问题。

本书其余部分的着重点是确定何时有必要重新界定你的核心或其相关战略(第二章);对三种类型的隐蔽资产在重新界定时的角色和作用进行分析(第三至第五章)。其最终目的是,为你致力于让企业"锐不可当"提供一个可以使用的统一的框架,以及相关的一些实用工具和方法。

第二章 何时开始重新界定核心

首席执行官可能面对的最困难的决策之一是,是否继续专注于从既存的核心里提取全部潜力,还是开始寻找一条可供开掘的新矿脉或一种全新的开掘方法。本书第三章所描述的各种不断升级的变化力量〔增大着的湍流、加快着的速度,以及一项战略的不断缩短着的"货架寿命"(shelf life)①〕,使这一两难选择既更频繁,又难以行事。首席执行官们必须应对一个更广泛也更混乱的选择系列,制定和执行一项新计划更少的工作安全感(job security)②和更短的职务任期,越来越不耐烦的、短期导向的投资者,以及更大的试错成本(cost of being wrong)。

如今,这场有关核心的危机降临到了电信、媒体、航空、汽车、半导体、电脑、软件以及能源等行业里的一些最大和最复杂的企业。最近,美国第五大公司福特(Ford)的首席执行官给周围所有员工发送了一封引人注目的备忘录。其中提到:"支撑了我们数十年的业务模式,已不足以保证赢利能力。"[1]而在天平或杠杆的另一端,许多起源于一个单一的、力量强大的核心理念,如今随着自身的成长,正尝试着领会如何适应和保持发展势头的规模较小的公司,也正面临着相类似的选择。搜索引擎领域的谷歌(Google)或图书零售业的亚马逊(Amazon. com)等都是这方面的例子。

因而,何时你应该承担风险、费用和烦扰去改动甚至放弃你的商业模式?何时你应该避免分散注意力而致力于重点关注?而有鉴于试错的高成本——你又如何得悉这一切?

你位于可持续增长周期的何处

人类和自然的许多现象都遵循着循环或周期的规律。这使得我们可以图解、了解甚至预言它们——如四季、商业周期、月之盈亏、生命周期、人的年龄、人体生物钟或节律。从古到今,我们使用周期性规律或类型,来解释和组织我们生活里的很多内容。这种周期和循环模式,也存在于人类的组织包括企业的兴衰里。

我们长达七年的赢利增长研究显示,随着时间的推移,可持续增长的企业往往呈现出一种周期性的发展格局。你可以理解它们的焦点或重心转换:从专注于加强其核心,到探索位于核心的边界或外围的邻接性扩张举动,再到对核心及其基本能力进行重新界定。我们将这一过程称为业务的"集中关注—扩张—重新界定"周期,简称 FER 周期(参见图2-1)。那些顺利地经历了整个周期循环的企业,从某种意义上说,通过专注于更新重建了的核心和经济模式,为自己营造了再开新局的机会。然而,事实上,四分之三的企业并没能做到。它们要么在企业的早期阶段便被打败了;要么扩张过度;要么虽成功地实现了扩张,但却始终无法重新自我界定。

谈及作出增进重续或维系赢利性增长的机会的正确而适时的决策,你必须迈出的第一步,就是在 FER 周期上建立你的企业坐标。

并非所有的企业都经历了周期的每个阶段。一些企业从来没有离开过"集中关注"期。在那里,它们集中精力从其现有边界内的核心业务里获取充分的潜力。另外一些企业则摇摆于"集中关注"和"扩张"两个阶段之间:其关注的中心,已转移到那些利用核心的现有能力和市场地位的增长动议之上,并总是作些轻微幅度的改善,且不失时机(一次一个)地注意到一些邻接机会。还有一些企业,无论是就生存还是常规意义而言,度过了包括"重新界定"阶段在内的整个 FER 周期。该阶段要求企业重点关注业务模式的结构性变化,能转换核心潜力的、新的重大能力的添加,或者向一个不同的核心的可能的转换。

图 2-1 "集中关注—扩张—重新界定"周期

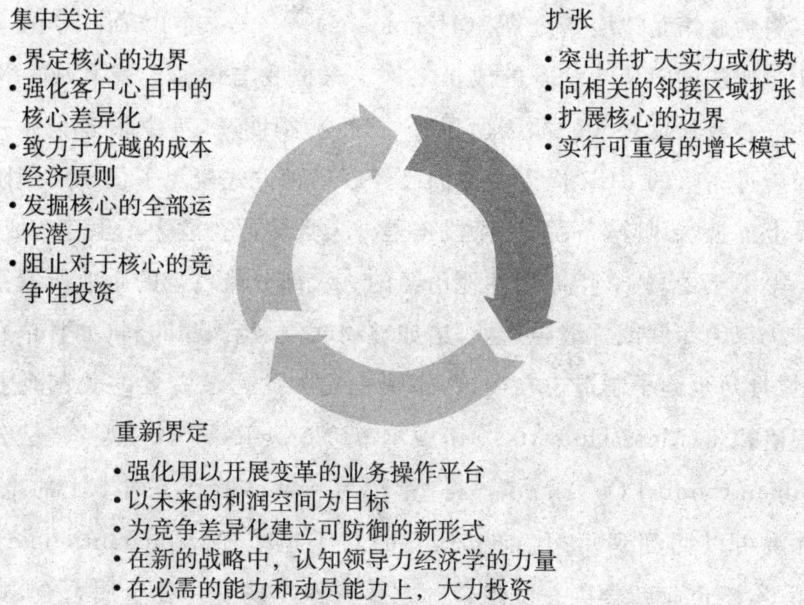

集中关注
- 界定核心的边界
- 强化客户心目中的核心差异化
- 致力于优越的成本经济原则
- 发掘核心的全部运作潜力
- 阻止对于核心的竞争性投资

扩张
- 突出并扩大实力或优势
- 向相关的邻接区域扩张
- 扩展核心的边界
- 实行可重复的增长模式

重新界定
- 强化用以开展变革的业务操作平台
- 以未来的利润空间为目标
- 为竞争差异化建立可防御的新形式
- 在新的战略中,认知领导力经济学的力量
- 在必需的能力和动员能力上,大力投资

举例而言,截至 2006 年 1 月,日本的金刚组(Kongo Gumi)是目前世界上已知最古老的企业。该公司近 1 500 年来,并没有远离"集中关注"期(虽然关于这一点,不无争议)。金刚组始创于公元 578 年,目的是兴建日本的佛教寺院、神道神殿及城堡。该公司不但建造了著名的四天王寺(Shitennoji Temple)佛塔,在过去几个世纪以来的火灾和战乱之后,还曾对该佛塔重建过七次——堪称历史上最古老的客户与供应商

关系之一。事实上,该公司所阐明的原则之一是:"不要任由你的门敞开着"(Don't leave your doors wide open),意思就是"专注于你的核心,不要多元化"。[2]仅仅是到了最近,该公司才通过兴建公寓和办公楼宇,将业务向周边的邻接领域(adjacency)扩展——此举最终还是带来了麻烦:其房地产投资导致的债务,后来迫使它进入了破产清算。从那时开始,商业"老寿星"的头衔才落在了另外一家日本企业——一个名叫"法师"(Hoshi Ryokan)的旅馆头上。法师旅馆现正由法师家族的第 46 代经营[3]。自 717 年创立以来,它始终执著于自己的餐宿款客业务重心。

法师旅馆是"埃诺金斯"(Henokiens)[4]——一个由最古老的家族企业组成的国际协会——的成员之一。根据我与该协会就其成员构成及一些企业长期存活的原因所展开的讨论,很明显,其中很多企业并没有经历过完整的 FER 周期。他们已经以某种方式避免了位于周期阶段边界上的极端风险。而那些阶段正是今天大多数企业为了生存和成功,将不得不至少每 10 年周期性地历经的。大部分最古老的企业所置身的都是狭窄的专属或称缝隙产业,诸如玻璃吹制、特殊甜味料(如甘草)、铸钟、炊具乃至钩子制造。在美国,情形也是如此。最古老的美国企业是马萨诸塞州(Massachusetts)[5]诺威尔市(Norwell)的"淬得坚"铙钹公司(Zildjian Cymbal Co.)[6]。"淬得坚"作为一家移植到美国本土的企业,其渊源可以回溯到 14 代前土耳其的君士坦丁堡(Constantinople)[7]。在那里,该企业创立自一位炼金师之手。他发现了一种金属合金,具有极其适宜于铙钹铸造的、独特的音乐性能。事实上,zildjian 是亚美尼亚语"铙钹匠(或镲匠)之子"的意思。

但大多数公司的情形却并非如此。环境推动变革、创造机会或滋生必须面对的竞争对手。事实上,企业的平均寿命正在缩短。能免于周期性地重新界定其核心的苦差的企业也越来越少。

有关长寿企业的研究,无疑令人着迷。但它们在商业上的意义,其实类同于 1938 年发现的骨鳍腔棘鱼（bony-finned coelacanth）。这种鱼曾被认为已经完全绝迹，但却在一个静态的深水环境里一直生活了四亿年。自然界当然也包含有处于另一个极端的强有力的例子——湍流汹涌、变迁突然（turbulent, sudden change）。这种例子更类似于目前的商业环境。例如，科学家已计算出，目前物种的灭绝速度比其过去大多数时间所历经的要快一千至一万倍。他们将这一速率归咎于目前已造成每年五万物种灭绝的、地球环境的迅速变化。正如达尔文（Charles Darwin）在其《物种起源》（*On the Origin of Species*）中所指出的：并非最强者，而是（最）适者（得以）生存。这同样适用于许多行业里的企业。

报纸的增长周期：《纽约时报》

不妨考察一下湍流中的报业（turbulent newspaper）。考察一下世界上最有名的特许专营报纸《纽约时报》（*The New York Times*），目前所面临的 FER 周期阶段。该企业从 1851 年作为一个大幅单面印刷品（broadsheet）起家，该时报一心一意地专注于作为一份区域性报纸的核心，并不断成长。到 1993 年时，其所获得的收入（revenue）为 20 亿美元，营业利润（operating profit）为 1.26 亿美元。但该公司的发展似乎也达到了自然极限：此前 10 年的收入增长率，为年平均不到 3%；这期间的赢利，也有所下降；股票价格的表现，更是远低于标准普尔（Standard & Poor）。

而下一个 10 年的答案是在发行量和广告方面，实现对纽约城区的一个大幅度的超越。该公司通过发展纽约之外新的分销渠道、新的读者群（它随后以不同的内容吸引来的）以及新的地域市场，将时报变成了一家全国发行的报纸。向一家全国性报纸的跃进——或许是从对核心的专注向对核心的扩张变动的一个例子，这是一个令人振奋的成功。10 年来，企业收入从 20 亿美元增长到 32 亿美元；经营利润翻了四倍多至

5.39亿美元；该公司的市值也由20亿美元剧增至80亿美元。同时，该公司还通过用现金流去购买像《波士顿环球报》(*The Boston Globe*)这样强大的区域性报纸的方式，来扩展其经营方略。

进入互联网时代，出现了新的竞争对手以及网上在线资讯。作为报纸的存在理由(*raison d'être*)的内容的有偿集聚，开始让路给近乎免费的内容的解聚或分类，如雅虎(Yahoo!)的股票行情，怪兽网(Monster.com)的主题分类广告，或有线电视新闻网(CNN)的即时新闻摘要。那么，现在是什么情形？随着整个世界都在等待着应对核心之危机的答案——不仅为《纽约时报》，也是为所有报纸，纽约时报公司的市值自其80亿美元的高峰值，已萎缩了近三分之二。

目前，《纽约时报》正面临着其行业及其特定业务内的周期的重新界定阶段——并已很清醒地意识到了这一点。

FER周期如何塑造战略优先

一套不同的战略原则，成为FER周期每个阶段里的首要关注对象，因为企业组织一次只能够（且只应该）集中关注有限数目的目标。

在周期的"集中关注"阶段，收入和股票价格里的赢利增长率，受到企业做如下三件事的能力的极大影响：1)严格界定你的核心业务，了解它如何异于你的竞争对手们的核心业务；2)不断降低你自己相对于主要竞争对手的成本水平或地位；3)积极致力于阻止竞争对手，对你的核心再投资。

战略的第一条原则是迫使竞争对手停止向你的核心进行投资。你通过你的差异化实力、相对成本水平或地位，以及你匹敌或对抗它们的投资的能力和意图，来影响对方的这一投资意愿。

如果接近了这一柏拉图理想，你在周期的"集中关注"阶段的成功便几乎可以保证了。例如，在咸味休闲快餐小吃领域，菲多利(Frito-Lay)

在不断改进成本、市场份额和投资回报的同时，将竞争对手驱逐。利乐（Tetra Pak）在无菌环境饮料容器（如牛奶和果汁盒）上做了同样的事，一如企业租车公司（Enterprise Rent-A-Car）在保险替代汽车（insurance replacement vehicle）⑧细分市场上的作为——在那里，该租车公司已取得了压倒性的龙头地位。

然而，即使对于那些正在与竞争对手在一个不断变化的市场——例如汤姆汤姆（TomTom）的汽车导航系统——角力的、相对较新的企业而言，在"集中关注"阶段成功的关键，也可归结为这三个原则。

在周期的"扩张"部分，企业会依赖或寄托于其核心业务的经济实力。通常也会扩充和突出其实力，以征服其他的邻接区域（诸如新的地域、不同的细分客户或者新的分销渠道）。

虽然塑造、聚焦以及强化核心的三项原则仍然适用，但三项新的战略规则开始出现，并在议程上显得更为突出：1）寻求用于邻接扩张的一个可重复方略的力量；2）对获取卓越的客户识见（成功的邻接扩张的关键）的能力进行投资；3）了解邻接（扩张）成功率随着与核心距离的拉开而下降的速率。

我在《从核心扩张》一书里，使用一个基于变动着的主要变量（客户、竞争对手、基础设施以及渠道等）的数目的简单公式，考查了从核心算起的"经济距离"概念。我们发现，只要每次有两个变量发生变化成功的几率便开始直线下降。问题的复杂程度和知识的缺乏，差不多好像是随着距离核心的主要步子的数目的增加而成倍地或指数化地（exponentially）增大。

前面讨论的《纽约时报》20世纪90年代增长的例子，便是这样一个案例：一个持续了约10年的邻接扩张。耐克通过允许自己从一项运动向另一项运动不懈地扩张的、可重复应用的方略，所实现的超越锐步（Reebok）（一个曾经与它不相上下的企业）的崛起，是另一个通过邻接扩张成功的经典范例。

当重新界定历史性的核心(或开始转向一个新的核心)的需要出现,第三组战略原则便成为首选:1)追求未来的利润空间,而不是未来的市场;2)建立追求差异化和领导力的战略;3)总是对居于领先地位的能力进行投资。

何时重新界定你的核心

在重新界定的根源处,一些情境几乎总是能被发现。在我们的 25 个案例研究的每一桩里,管理团队都面临了如下这些令人困扰的两难境地(troubling dilemmas)中的一个或者更多:

- 未来利润空间趋于萎缩或变迁
- 来自于新的竞争模式或突破性技术(disruptive technology)对核心的直接威胁
- 增长方案或程式(formula)的失灵(stall-out)和竞争差异化(能力)遭遇侵蚀

本节将对上述每一项作简要探讨,并通过对被我们称之为"核心状态诊断"(the state of the core diagnostic)的手段的利用,给出理解各类情境的方法。

第一种情境:未来利润空间趋于萎缩或变迁

企业通过赚取利润蓬勃发展。当利润或下降或从你的核心市场偏离时,腐蚀与衰变便可能开始:首先侵蚀非核心活动和业务,并最终影响再投资和留住最优人才的能力。倘若苹果电脑公司(Apple Computer)并未将其业务核心向数码音乐转移,人们就会怀疑其维持其个人电脑业务的能力,因为在一个利润空间正趋于萎缩的市场里,其市场占有率已大幅下降至不到 3%;如果神奇娱乐公司(Marvel)并未将其漫画英雄形象变成电影明星,它便会发现自己正置身于一个每年因漫画书基本客户群(customer base)的自然削减而被蚕食的、越来越小的岛屿之上;假设IBM 没有将其利润来源转向服务业,它将会在以电脑硬件为中心的渐趋缩小的利润空间里,面临难以防守的阵地。

利润空间不同于市场。[3]市场是售出产品的混合和数量,而不是那些产品的商业经济原则(business economics)。市场利润空间由市场每个参与者的收益所构成,从价值链的开端(原材料)到最终用户。

衡量利润空间的方法有很多。你可以计算营业利润的总和,超出资本成本的所有利润,当期利润和预估的未来利润,甚至股票市值的生成。凡此种种都是界定市场是否能够维持一个企业业务存活的方式,也包括其获得再投资及合理回报的需要。

利润空间的衡量与市场的衡量大不一样。而大多数人只衡量市场,并不衡量利润空间。这是因为市场规模和份额是标准研究报告中可获得的信息。但是,当涉及重新界定你的核心时,只注重市场而缺乏一个对潜在利润空间可能如何演化的、平行的参照角度,有可能导致重大失误。

发生于一个产业或市场的湍流的关键性指标是利润空间的大小或位置的改变。利润空间可以通过如下几种方式发生改变:它可以全线崩溃,造成众多竞争对手的压力和混乱(如美国民航放宽管制或称"解制"⑨后的航空业);它可以因为一个新的经济模式的诞生,而在参与者之间大幅度调整(一如暴发式崛起的戴尔公司,即使直到 1999 年年底才成为行业市场份额的领头羊,却早已攫取了个人电脑业的绝大部分利润空间)。利润空间跨价值链(导致一种产品从原材料的投入,向由直接用户最终使用和处置移动的活动)环节的分布,也可以转移或变动。如德比尔斯公司(De Beers)的情况便是如此。在那里,对利润空间的支配力转向更贴近消费者,使活动更有价值。又或者,利润空间亦可以在完全不同而又相互竞争的、以争夺客户青睐为目标的产品中转移(一个例子是利润空间在消费者影像业务中的分配:从模拟产品向数字化产品的转换为其中一些从业者带来了巨大的湍流)。我们发现,产业动荡或湍流发作或袭来的力度和速度,通常较大多数业内人士所预期的要更大和更快。

不妨以摄影或影像市场为例,看事情如何可以快速地变迁。摄影产品和加工产业的总利润(从照相机制造到记录媒介再到照片修整加工)在过去 10 年间,实际上经历了大幅度增长——从 1995 年的 19 亿美元,到 2005 年的 34 亿美元。对于在 1995 年从事这一业务的企业来说这似乎不失为一件好事。然而,事实却并不尽然。这些利润的所在几乎已完全转移。胶卷制造、照相冲洗以及非数码相机等业务活动曾经涵盖市场上几乎全部利润空间,目前所占则远低于 20%。既往的利润区域或已经塌陷、消失,或向闪存卡和网上在线服务等新的领域演化。所有这一切,对竞争对手的影响既是强大的,又是多样化的:从宝丽来公司(Polaroid)的破产,到佳能公司(Canon)对数码技术的成功适应,再到晟碟公司(SanDisk)在闪存卡领域——最强大的利润空间之一里,作为领军企业出现。湍流来势迅疾并能瞬间重新安排利润空间。

通用动力公司:感知利润空间变迁的力量。 敏锐察觉到一场大的利润空间塌陷,并能抢先于竞争对手采取应对行动的一个经典的企业案例,来自于通用动力公司(General Dynamics)。这一国防承包商已连续10 多年成为其所在产业内的大型绩优企业。其成功部分地种因于某一瞬间的洞察识见或称顿悟(one moment of insight)。在接近冷战结束的 1984 年,通用动力公司是美国最大的防务公司,年收入 78 亿美元,占美国国防部采购比重的 10%。随着国防力量水平的舒缓或停滞（stand-down），美国国防部大幅裁减其采购，从 1986 年高峰期的 1 280 亿美元降至 1996 年最低点的 490 亿美元。

20 世纪 90 年代初，通用动力公司委托完成了一项重大研究——有关市场需求及它自己投放于其所参与的每一个（国民经济）部门的资产的价值。该公司断定，国防开支在未来 10 年里将持续下降。而它通过出售旗下诸多业务，可以比在低需求和低利润下维持和经营它们要更为赚钱。在堪称最迅速和最具有决定性意义的企业转让或移交（make-overs）活动中，该公司出售了其大部分业务。这一行动领先于那些对凶兆远为后知后觉的其他防务公司。

从 1990 年到 1992 年，通用动力公司出售了航空、土地系统以及电子等业务。到了 1992 年，它已经将该公司减少至只包括三个核心业务和 35 亿美元的收入——三年里相当于瘦身了 70%。与此同时，令人惊讶的是通过经营的改善，公司将赢利从 1990 年的 -8% 增加至 1992 年的 8%。

以之作为起点，公司开始重新在业务上进行投资：通过选择性并购来增强其赢利的潜艇核心业务；同时，建立起一项新的、相关联的核心业务，即用于防卫计划的电子和信息系统。从 1992 年到 2005 年，该公司的收入从 35 亿美元增加到了 212 亿美元。通用动力公司因而成为这一时期美国表现最好的防务公司。

通用动力公司的故事显示了利润空间里发生的戏剧性变迁，如何能够触发重新界定一家公司的需要。它也展示出了抢在竞争对手之前，根据洞察力或识见先发制人地观察和行事的力量。当然，在某些情况下，利润空间内的转换也为一些竞争对手留下了落在后面，以继续服务旧市场一段时间的机会。这方面的例子，包括黑白胶片的专属或缝隙卖家（niche sellers），以及录像出租业务。不过，一般而言，当利润空间大规模地转换时，还是弄清楚你如何也需要跟着转变比较好。

第二种情境：对核心模型的直接威胁

来自一个拥有新颖和优越的商业模式的竞争对手的严重而直接的威胁，是触发一家公司去重新界定自己的核心的最常见和最主要的诱因。示警信号首先出现于距离核心客户几步之遥的、业务的边缘或次要地带的市场份额的亏损上。接下来，新的竞争对手开始更进一步地逼近你的赢利核心。到了那一刻往往便为时太晚，以至于应对无功、欲振乏力了。

最难应对的威胁是这样一个新的竞争对手——它拥有新的、具备先天优越性的经济活力（尤其是在成本水平方面）的商业模式。察觉这种威胁的存在，可能并不那么容易。这是因为它要求在一个新的参照系下，来观察自己的业务，并准确地评估竞争对手的成本。而后者并不总是能那么容易地确认。我的研究小组分析了 24 种主要的市场份额损失情况：这些企业都具有明显的行业领导优势甚至暂居绝对主导位置，而后地位大幅度下降。我们发现，这些公司的大多数都对针对自己业务核心的致命威胁反应缓慢。例子不胜枚举：哥伦比亚广播公司（CBS）针对有线电视新闻网（CNN）的反应；通用汽车（General Motors）针对丰田（Toyota）的反应；康柏（Compaq）针对戴尔（Dell）的反应；凯马特（Kmart）针对沃尔玛（Wal-Mart）的反应；森斯伯瑞（Sainsbury）针对特易购（Tesco）的反应；施乐（Xerox）针对佳能（Canon）的反应，等等。接纳一种替代性业务模式的挑战以及在这一过程中还可能发生的、复杂的自我拨补或调配（cannibalizing）举动的挑战，要求企业向重新界定传统的核心迈出一步。而这一步很少有企业已成功迈出。

同样，在本书所从事的案例研究的其中五个里，重新界定核心的推动力，或者来自于一个竞争对手具体而直接的攻击，或者来自于某一种更为优越的竞争模式的出笼。新加坡港口管理局（Port of Singapore

Authority)⑩便是这样一个例子。

新加坡港口管理局:没有成本和价格保护伞的遮挡。多年来,政府所属的新加坡港口管理局(PSA),通过对经由马六甲海峡(Straits of Malacca)——世界上最被频繁光顾的水道之一——的集装箱运输的控制,赢得了非凡的回报:净利润率始终介乎 35%和 40%之间。然而在 2000 年,新加坡港口管理局高居不下的价格和成本,连同全球货柜航运业的一次衰退,导致了其核心业务的一场危机:来自于其他港口的竞争对手利用新加坡港口管理局的高价格弱点,游说客户离去。

一个典型的例子是马来西亚的丹戎帕拉帕斯港(Port of Tanjung Pelepas)。该港自称其成本和价格比新加坡港口管理局要低 30%以上。2000 年,新加坡港口管理局两个最大的客户——马士基海陆(Maersk Sealand,全球集装箱航运业的领军企业)和长荣(Evergreen,中国台湾的大公司)——宣布,它们将把业务迁往另一个港口。新加坡港口管理局的业务量因此下降了 9%。

为更新和重建自己的核心,新加坡港口管理局作出了强烈反应。它更换了高层管理人员并急剧地削减了成本。为了防止客户进一步倒戈,该港务集团全力以赴,为客户们提供特别优惠,并允许它们投资和控制自己的靠泊设施——一项为它的包括马士基(Maersk)在内的最大的客户们要求了多年的变化,以换取它们长期留在新加坡的承诺。该港务集团还持续投资于新加坡之外的地点(现已在世界各地 11 个国家的 20 个港口拥有投资)。如今,新加坡港口管理局已回到了正轨。但是,它已经大大地改变了它的战略,并彻底拆解了其多年来建立起来的成本和价格保护伞。

成本和价格保护伞会怂恿新的竞争对手去追逐你的核心,使它看起来有很高的赢利性,甚至也很容易够得着。而高成本和高价格会最终让较弱小的竞争对手们得以兴旺和强健起来。特别是当一个拥有新的模式和优越的成本结构的对手卷进来时,它们对企业尤其危险。

一个曾经强大的核心业务可能因为如下几种缘由,而直接遭遇到挑战:最常见的是一种内在的、较低成本的经济结构——像新加坡港口管理局(PSA)的案例,以及像我们在航空业里所看到的。在互联网搜索领域,谷歌从挑战者向强有力的领袖身份的快速转变,源自该公司所拥有的、为客户和谷歌双方都孵化出了好得多的经济模式的高级搜索引擎和算法,对前者而言是搜索得更好更快;对后者而言,是更高的广告收入和网络流量。第三种挑战则是新能力的出现,如制药业里生物技术的发展。

第三种情境:增长模式的失灵

借用诗人艾略特(T. S. Eliot)的诗句,与重新界定的需要相伴随的,可能 "不是一声巨响,而是一声呜咽"(not with a bang but a whimper)。这种情形下的"呜咽"是曾经有价值的竞争差异化资源正趋于朽蚀的声音。它可能是一项已经被竞争对手赶上了的业务,削弱了你的领先地位。或者,它也可能是这样一种业务,其中曾经起决定性作用的低成本业务模式,已经被模仿或已逐渐失去效力,迫使行业参与者们去寻找能体现差异化的新方式。没有任何一种具有竞争力的方案或程式会永远存在。而当它真的存在时,离财务停滞往往就不远了。只有不到五分之一的企业在失速或停滞不前(stalls out)了五年或更长时间(定义为收入和利润增长下降到接近零或更少)后,可以在未来的五年里恢复到接近它以前的增长和赢利水平。

一种增长程式可以通过如下三条主要途径将自己的能量耗尽。第一条就是成功。就像在"小精灵"(Pac-Man)①游戏的结尾,屏幕上的小精灵终于吃掉了游戏中所有的硬币或称"豆子"一样,该程式已经按常规进行完了,再没有多余的了。举例而言,沃达丰(Vodafone)基于从一个国家到另一个国家,比竞争对手更快更有效地并购其他手机公司,获得了一条长达15年的惊人的增长轨迹。但最终能开发的国家都已开发罄尽,每个人都有了手机。这时你就需要转移业务的重心——也许是通过电话去兜售更精细复杂的服务,去开发零售渠道把电话和宽带服务集成或整合在一起带给家庭,或采取其他措施。否则,面临的便是停滞不前。

一种增长程式耗尽自己的第二条途径是,虽然存在许多有待征服的新的疆域,但赢得这些新的战役的成本—收益方程开始变得不利:要么是竞争对手们在接续下来的疆域争夺战里更为强硬;要么相对于你而言,潜在客户们更看重那些初次打交道者的出价。

也许这方面的一个新出现的例子是沃尔玛。尽管具备惊人的力量并取得过令人无可置疑的成功,该公司将其成功程式扩展进其他市场——从德国和韩国(经过多年巨大的投资后,于去年⑫退出两国市场)到英国〔通过其阿斯达超市连锁店(ASDA chain),2006年遭遇到困难〕——的能力,已经证明存在问题。支撑该公司美式成功程式的差异化基础,已经证明在其他市场有其局限性。沃尔玛将如何改变其增长方程,使其模式适应新的情况,将是未来几年中可供关注或追踪的主要的事件或报道题材之一。

一种增长程式失效的第三条也是最困难的途径是其天然优势被削弱,从而损害公司已经征服了的疆域,并降低其在新领域里的胜算。

在高管们准备作出根本性的改变之前,他们必须对企业的停滞不前或失速是否是暂时性作出诊断。在我们的案例研究中,增长程式在长时间内陷于停滞状态的企业,包括轮船和船用引擎领域的布伦瑞克(Brunswick)、钻石领域的德比尔斯(De Beers),以及电脑辅助设计(CAD)领域的欧特克(Autodesk)——所有这些事例与情况在本书中均有详细叙述。图2-2对这些情境作了总结。

核心状态诊断

经理人被有关其业务的、越来越多的数据包围着,但其中很少是非

图 2-2　需要重新界定战略的情境

利润空间的转换		对核心的直接威胁	增长模式失灵
被侵蚀的核心与行业利润空间压力	新的"远距离"利润空间		

• 执行能力的衰颓 • 行业利润空间的消失 • 一个趋于弱化的追随者遭逢侵蚀的地位	• 利润空间位置的转移或变迁（沿着价值链，或向着其他产品或应用） • 与另一个核心的模糊边界	• 一个新的具有竞争性的商业模式的成功 • 一项突破性技术的出现 • 竞争对手获得了你的市场的领导地位和控制权	• 过去的增长模式已经"寿终正寝" • 缝隙业务没有发展空间 • 既往的差异化不再有效

常重要的。今天的企业信息系统具有按国家、产品或客户，收集和整理全世界范围内的金融财务数据资料的、令人印象深刻的能力。这些系统在恰如其分地按实际所属来分配成本或费用方面，正变得更为出色，进而生成更精确的度量。但这又与什么相干呢？我听到企业主管们说，他们感觉好像收到了有关在作出最重要的决策方面，什么是真正紧要的东西的、更多的数据资料和更少的信息。

数字是商业业务的通用语言（lingua franca）。然而，通过建造一个内部财务度量的令人印象深刻的"巴比通天塔"（Tower of Babel）[13]，我们是否有可能因而忽略对于与隐蔽的战略资产负债表（strategic balance sheet）相关的信息的更根本性需求呢？此外，随着世界变革速度的加快，这些位置性指标（positional indicator）即使更加完善，是否也已不是那么有效了呢？

这就好比经理们正驾驶着一辆拥有目前最先进的后视镜和定位技术的

高速汽车。然而,即使汽车的定位信息改进了,前面的地形却也已变得更加曲折和不可测了。这样一来,有关你过去乃至你此刻在哪里的信息,对涉及未来的决策而言,就变得不那么关键了。这无疑是一种艰难而棘手的状态。在我们的增长调查中,经理们报告说:战略的"货架寿命"或称有效期正迅速缩短(81%的人说,这在其业务中是真实的)。他们对客户数据资料的感受与此相似(74%的人说,该数据失效或过时得更早)。当然,也包括对竞争数据资料的感受(80%)。一个潜在的含义或暗示是,你需要更加注意构成战略资产负债表的隐蔽资产方和负债(即不利状况或负债)方。

没有任何单一的针对业务的石蕊试验(litmus test),在存在着一个隐蔽的负债(不利状况或负担)时,可以显示出粉红,反之则显示为蓝色。一个行业的情况太复杂了,以至于不可能存在这么一种东西。然而,搞清楚本公司目前的竞争力及其未来的市场动态,对企业主管们而言却是必不可少的。让我很惊奇的是,我已看过多少内部的企业主管调查——就一家公司最高层的,100位经理中大约只有20%到30%,相信他们很了解自己的客户,很了解自己的竞争对手,或对未来会发生什么看法一致。企业资深主管花费时间的方式的一些相关分析一致地显示,他们只投入时间的一个很小的百分比来关注企业外面的动态,而把大部分时间花费在内部问题上。

这些研究表明,高层管理者们仅仅花费他们自己不到3%的时间用以形成一个有关其产业的未来的观点。他们把大约40%的时间用于外面(客户,竞争对手等)存在的问题:那些时间的约30%(或总时间的12%),是集中在具有两年以上影响的问题上的;约20%左右是花在和自己的管理团队一起试图弄清楚业务未来的走向上。[4]我们拥有的所有证据都表明,随着业务推进速度的加快及管理层流失率的提高,企业高层看向未来的视线已经缩短。

表2-1包含了一个由五部分组成的核心状态诊断(State of the Core Diagnostic)。这些问题被使用了很多次,用以评估核心业务中竞

争差异化的主要来源的状态:是否处于被侵蚀或削弱的危险之中,如果是这样,为什么。这些问题的每一个都意指某种不同于充斥在管理报告中的、那些典型的营运及财务指标的东西。不过,这五个问题属于所有问题里最核心的。又因为我们与它们是如此接近,也是一些最难看得精确的问题——这就好比评估一种关键的私人关系或判断自己的健康。这些与我们最接近的领域可能正就是那些新的、客观的数据最富于启示意味的地方。我发现,在研究商业情势时同样也是如此。

第一个问题涉及核心客户的定义和状态。通常,并不容易确定哪些客户处于业务的最核心以及为什么——是最具赢利性的、最忠诚的还是最有价值的。但界定核心客户是生成战略的必不可少的第一步。

表 2-1 核心状态诊断

问题	关键指标
1. 核心客户的状态是什么?	●赢利性 ●市场占有率 ●客户"留置率" ●客户"净推介分数" ●"钱夹份额"(客户支出份额)
2. 核心差异化的状态是什么?	●竞争差异化的界定和度量 ●相对成本水平或地位 ●重要性:增加还是减少
3. 行业利润空间的状态是什么?	●规模、增长和稳定性 ●占有情况 ●边界 ●变迁和预测 ●质量——成本和价格保护伞
4. 核心能力的状态是什么?	●盘点关键性的能力 ●相对的重要性 ●与竞争对手的差距 ●与未来的核心需要之间的差距

（续表）

5. 企业组织的状态是什么——是否已准备好去执行和适应变革？	●员工的忠诚和不期然的自然减员 ●承受的限度和压力点 ●与目标的对准和一致 ●变革的能量和动力 ●实施增长的能力

第二个问题是探讨竞争差异化的主要来源，查询它们是否正在强化（或削弱），并确定其根源。第三个问题是探索产业的利润空间——而不仅是市场的规模和增长——非常关键。利润可以在哪里赚到？谁在赚取它们？为什么？这将如何变化？

能力作为业务的基本构件（building blocks），是第四个需要讨论的问题。本书第五章将详细考察这一问题——界定和评估你现有的核心能力以及未来的需求。能力几乎总是战略重新界定的基本构件或材料。

第五个问题是关于等式的更柔性的，但并非更不重要的另一边：企业组织的状态及其变革的意愿。

显然，上述的任何领域都可以被扩展成越来越详尽的问题的、一个几乎可以无限扩展下去的列表或清单。但如果你能令人信服地回答这些问题，你在思考是否及如何改变时，便会有一个良好的开端。

那些担心它们的差异化正在销蚀，或其核心模式可能需要被更新重建的企业，应该开始这一诊断演练。它可以帮助你建立基础案例（base case）、核心状态，及在没有战略改变前提下的、最有可能的未来轨迹。这一诊断的组成因子可以指明朝向更新重建途径的路线，一如安飞士租车公司（Avis Rent A Car）案例所显示的那样。

安飞士：撞在路上未看见的鼓包上

对于核心状态的彻查如何能够识别或确认一系列需要采取行动的

威胁,安飞士租车公司(Avis)是一个有力的说明。安飞士发现,它面临着最纯粹的风暴,问题在所有三个层面上酝酿。首先,行业利润空间正在萎缩,使整个业务对价格更敏感,预示了一个本地业者、区域专营商乃至一些业界巨头(那正是实际所发生的)的长达 10 年的持续整合。其次,一种新的竞争模式(体现在企业租车公司为汽车替代细分市场提供服务的模型里)创造了世界上最有利可图的汽车租赁公司,并对安飞士和赫兹(Hertz)核心业务的其他环节带来了潜在的涟漪或波及效应(ripple effect)。第三,租车公司之间的差异化一般来说已经收窄,带来了寻找新的竞争方式的强大需求。

对于一般局外人来说,过去 10 年来,安飞士看上去像是一个坚持其既有运作程式的公司:它仍然采用红色的标识,仍然出租着汽车,仍然在机场营业,仍然在其广告里标榜或表白"更努力"(trying harder)。然而,当你往引擎盖底下看,你会看到一个由深度的战略再定位带来的业务转型。

1994 年,48 年前由沃伦·阿维斯(安飞士)(Warren Avis)⑭创办的企业有停滞的危险。该公司的利润已经历了 70% 的剧降,已降至 3 000 万美元,并即将面临亏损。在 J. D. 鲍尔公司(J. D. Power)的服务水平调查中,安飞士处于底部。它正在失去在其核心的汽车租赁市场(美国前 100 个机场)中的市场份额。

管理团队对问题的原因有相当多的讨论和意见差异。有些人认为是行业定价的周期性使他们措手不及。他们劝告说,耐心等待,转机终会出现。其他人则认为,某些成本方面,企业总部和房地产成本是关键因素。还有人想要追求为企业租车公司所首创并领先的、有利可图的汽车替代细分市场。

但答案不存在于任何这些区域。相反,它来自于关于三种负债(不利状况或负担)的新发现。它们一直在暗地里酝酿,其后果现在正到处可见。在为整个管理团队所认可的一项广泛的自我评价———一场无所不谈的、不放过任何一个问题的对话中,安飞士发现了这些负债。每一种都是公司系统不曾跟踪(现已得到纠正)的一个区域:竞争成本水平或地位(安飞士被证明成本高昂,即使相对于赫兹而言);最有价值的高频租车客户群(未被很好地设定为重点目标,展现出很高的且未被较好意识到的流失率)的留置(回头)率和重复租车行为;以及行业利润空间的动态(它将会推动在机场营业的竞争对手之间的整合)。

这些识见均非仅仅通过反思和讨论才能获得。而是由围绕着有关安飞士核心业务的五个关键性诊断结论所作出的努力所取得。第一项诊断是对竞争对手经济状态所展开的一个彻底透视。远远超出那些你可以从其年度报告里所能读到的。它主要涉及了对竞争对手的成本地位和利润来源所进行的倒序制造(reverse engineering)⑮式分析。其结果是一系列有关安飞士让人不可接受的成本地位的新的观点。

第二项诊断牵涉到考察过去几十年里,每一租赁单位的长期价格和成本轨迹,试着区分什么是周期性的、什么是长期性的。结果表明,汽车租赁业务呈现出非常有规律的、每年1%左右的价格和成本下降。在这一长期曲线内,则存在着不同的周期。其潜在的含义是,需要规划越来越严格的成本管理,不要去假定价格。

第三项诊断是对长期的产业利润空间的分析,是一项引导管理层去培养对产业长期前景的一个统一的观点的评估。远在行业整合实际发生之前,该集团便已得出结论,这一整合是不可避免的。

第四项诊断是审视基本客户群,尤其是重要的高频租车客户群(frequent-renter group),它导致安飞士针对其客户忠诚度培植项目[其"总裁俱乐部"(President's Club)]作出了一系列改进,并改善了其数据库对此的跟踪。

最后一项内容是文化。内部讨论和访谈显示对该公司的重复性的买进和卖出，已造成员工之间极大的挫折感。而且，他们也有作出重大改变的强烈愿望。

结果显示，核心状态诊断的所有五个重点领域都与安飞士相关。并且，每个都具有行动含义或暗示。尤其是其中的三种（竞争成本、利润空间萎缩以及支持高频租户业务的需要），导致了首席执行官乔·维特利亚（Joe Vittoria）、首席运营官（现总裁兼首席运营官）鲍勃·萨勒诺（Bob Salerno）及其团队方面的立即行动。这一核心状态诊断，暴露了那些不得不去处理和应对的隐蔽的负债（不利状况或负担）——值得赞扬的是，管理团队最终解决了它们。

举例来说，竞争态势分析表明，即使与以镀金为标志的、为法人所合股持有的领军巨头赫兹——相对于安飞士的 20%，它拥有 30% 左右的市场占有率——相比，安飞士的成本地位也很高。安飞士作为一家 ESOP⑯ 企业（为员工所持有的企业），其内部股票价格在过去的两年内，已经从 17 美元下降至 9 美元，并持续走低。该公司总部设于长岛（Long Island）的一个巨大的、被石棉污染的颓败的建筑物内。

此外，在"员工持股计划"实施之前，安飞士曾经被一连串企业反复购买又售出。这些企业似乎是在互相竞争谁可以投资得更少。鲍勃·萨勒诺曾经说："从诺顿西蒙（Norton Simon）到埃斯马克（Esmark）再到郑信（Beatrice），这些企业不是在买安飞士，而是在买母公司，它们并不在乎汽车租赁业务，所以它被一再出售并老是被榨出现金。"[5] 这种不断的买进卖出对企业组织的思维定势或心态（mind-set）的影响，可视为表面下另一种形式的心理上的内部不利条件或倾向。安飞士骄傲地继续将其广告建立于其曾经著名（现已经过修改）的口号上："我们是第二名，但我们更努力（We're number two, but we try harder）。"[6]

今天，安飞士的引擎盖下，已拥有一个不同于以往的引擎。该公司的增长速度已超越行业水平，达到 40 亿美元收入和 4.34 亿美元的营业利润——是世界上所有以机场为重点的竞争对手里最好的。2003年，J. D. 鲍尔公司的调查将安飞士排为服务方面的头名。一家会计部1994年还并没有任何电脑的企业，目前按数量计是在线租车网站的首位。不仅领先以赫兹为代表的传统竞争对手，也领先像奥比兹（Orbitz）⑰这样新的旅游网站。安飞士收购了陷入困境的巴杰特租车公司（Budget Rent-a-Car），以实行在机场区域的双品牌策略。但合并了双方的幕后辅助设施，以创造行业领先规模。现在已改称安飞士－巴杰特集团（Avis Budget Group）的公司，已将自己在机场租车服务市场的比例提升至总份额的34%。

如果你要计算出一股购买于1994年员工持股计划（ESOP）时的安飞士股票，如持续持有到今天将有多大回报，你会发现将获得约20倍的投资回报。此外，安飞士拥有目前同行业里，无论是就相对竞争成本地位还是规模而言都是最好的"在机场经济平台"（on-airport economic platform）。最终，安飞士保留下来了那句重要的文化咒语或口头禅（mantra）："我们更努力。"鲍勃·萨勒诺说："'我们更努力'是企业的文化气质或品格，并通过众多细节化的方式，融进了它的结构里。对员工而言，它非常强大也很重要。过去10年里每一个广告公司所作的研究都已经表明，不要触碰这个部分。它对于处于核心的人来说，具有真正的意义。'员工持股计划'一度之所以强大的一个原因实际上是由于那个信念，那个契约。但我们已不再说'我们是第二名'。"7 只因为它已不再是事实。

在核心状态诊断里提出的问题，对于将一家企业在短期、中期和更长期经营到充分发挥其潜力的地步，是至关重要的。

在重新界定之前巩固平台

在核心业务里作出根本性的变革，会从你的其他活动中抢夺稀缺资源——管理时间、现金、人员以及组织关注。接受本书采访的高管经常表示,他们低估了成功的变革中所涉及的复杂性、体能消耗以及资源的用量。当你通读本书时,将你在经营一桩生意(一家企业)的同时,构想和实施一项转型计划所需付出的额外努力视觉化,不失为一个好主意。这样的转型计划常常会受到投资者的监督审查。而他们并不了解你为了让企业得到长远增长,所作出的努力的性质。

我们所考察的案例里的大约三分之二的企业——横跨从发生危机到陷入停滞再到可持续发展的完整的系列——包括了某种形式的重组或经营业绩改善阶段。显然,正如故事所显示的,安飞士租车公司这样做了很多年。本书第三章将会讨论到的、从美国珀金埃尔默公司(PerkinElmer)向阿普尔拉公司(Applera)的转型,就涉及了传统核心业务里将近 20% 的成本削减。韩国三星公司(Samsung)令人叹服的复兴则涉及了在复兴计划开始之初,就成立了的结构调整办公室。它充当了旨在使平台得到强化和集中化(通过资产剥离、裁员以及流程质量提升方案等)的彻底变革的先锋。一些公司甚至发现,在向前推进之前,它们需要减少自己的活动——从某种意义上说,就是以收缩来促进增长(shrinking to grow)。这是我们已看到过多次的一个悖论。

本书以及整个"重新界定"话题,在每一章和每个例子之中包含着一个贯穿始终的单一主题,就像音乐中赋格曲⑱的音响——以新的形式互动,不断变形,但永远不会消逝。这个主题就是领导力和领导力经济学(economics of leadership)。这并不意味着我们的方法要求你在所处的产业内,最终成为按规模大小排行的市场龙头。那无疑会是一种误解。那样的话,该概念便很少具有什么真实价值。然而,它的确意味着你需要找到一个具备独特实力的领域去建树或依赖——一个核心:一整套的客户情况、渠道、位置(location)或者产品。在那里你能和任何人做得一样好,在那里你有某些具有竞争力的东西可以借助和利用。我们关于隐蔽资产的整个讨论,可以看做是一组透镜。通过它们,你可以查看当前的和潜在的领导力经济学——在某个客户、某项业务、某条产品线或某种能力方面。尽管如此,重要的还是暂停下来,反省一下领导力经济学的某些特性:它来自于哪里,可能意味着什么,为什么重要。让我们来看看如下三个方面:领导力或地位的力量,作为一个远距离追随者的两难困境,以及这样一种意见——通常,重新界定的最佳开端实际上可能在你推出一项新的战略之前,是缩小至一个稳固的核心。

领导力经济学的力量

隐蔽资产终究是有关对小的零星优势、差异化、领导力以及与领导力相伴随的经济学的搜寻。这适用于新的平台(见本书第三章)和对隐蔽的细分客户群的搜寻(见本书第四章)。在关于领导力经济学价值的简短而又必不可少的一番题外话之后,我们现在回到隐蔽资产的概念上面来。因为,在我举的绝大多数案例中,如果你剥掉它们的表层抵达那些故事的真正的中心地带的话,你通常就会发现未充分开发或利用的市场力量和影响的一个核心。它或是体现为某种客户定位,或是体现为某种产品市场定位(平台),或是体现为某种能力。

不妨考虑一下下列事实。它们出现于我们对在一个界定清晰的竞争舞台上的领导力经济学的分析之中:

- 典型的产业通常有六个以上的竞争者。最顶级的两个竞争者,通常占该产业利润空间的 75% 以上;而具有最大市场力量的企业,通常获取总利润的 70%,以及扣除了资本成本(cost of capital)的利润的 75%(参见图 2-3)。
- 追随者们则是经济体制的减震器。它们在经济衰退时期,呈现出大得多的波动和疲软迹象。在分析了全球同领域里明确的 22 对领导者和追随者之后,如耐克与锐步;美国西南航空与美国达美航空(Delta);英特尔与超威半导体(AMD);美敦力(Medtronic)与圣裘德医疗(St. Jude Medical);普利司通(Bridgestone)与德国大陆(Continental)等,我们发现,追随者利润率的平均差额是领导者的三倍。这样的差异应当能在低迷或衰退期里,给予强势领导者获取收益的先天优势,因为他们的相对经济学(relative economics)相比于那些挣扎着的追随者被极大地放大了。

● 在同一产业中,相对于追随者,资本市场会给予领导者一个比一般价值要高的估价。在与前面相同的 22 对搭配比较中,市值与账面值(book value)的比率被用来衡量市场给予领导者的优势溢价。我们发现,领导者所拥有的市值账面值比(market-to-book ratio)是追随者的将近两倍。这就在筹集资金、控制其债务服务的成本、对外并购以及奖励员工诸方面,给予了领导者一个先天的优势。

● 前述搭配组合中的领导者在维持着更高利润和更低成本的同时,还保持了比追随者高 33% 的再投资比率——堪称一个强大的组合。

● 领导者在驱使其核心业务进入邻接区域方面,拥有更大的成功。那些明确的追随者尽管有相对贴近的增长举动,但也只有 17% 的成功率。地位或实力旗鼓相当的企业(Companies at parity)享受着和整体平均水平 27% 一样高的成功率,而明确的领导者的成功率则要高于 40%。此外,当谈及随着时间的推移而来的增长和价值创造时,如果处理得当,这种差异就会成为一种巨大的优势。强势的领导者们拥有更多忠诚的客户,一如其客户"净推介分数"(Net Promoter Score)[8]所显示的那样。净推介分数是我的同事弗雷德·赖克赫尔德(Fred Reichheld)所开发的一个指数。它通过客户向其他人推荐该企业产品的意愿来衡量客户的忠诚度。例如,与达美航空的11%相比,美国西南航空公司的分数是51%。一些企业如哈雷－戴维森[19](Harley-Davidson)的分数为80%——远远超出了正常标准(off the chart)。对于一个追随者而言,在目前的市场界定下,依靠传统手段竞争是十分困难的。

图 2-3 领导者占有的利润空间

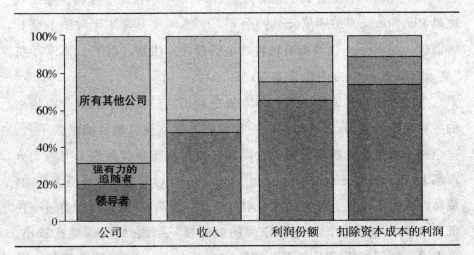

远距离追随者之殃

有鉴于对领导力或领导地位的力量——即使仅仅是在一个单一的

细分市场、产品或者情境内——的强调,远距离的追随者又能做些什么呢?有希望跳到一片新的"睡莲叶子"(lily pad)上吗?答案并非神速的适合演出的魔法,相反,是为到达领导力经济学"岛屿"的一场艰难的跋涉:一个可供寄托或依赖的核心。我们考察了日本 51 个行业部门的 402 家追随者(明确的第三名或者更低),以及美国同样的 51 个行业部门的 399 家追随者。我们对这 801 家企业从 1990 年到 2001 年的运营轨迹进行了研究,以了解有多少追随者真正进入到了领导者的圈子。答案是在这两个国家的任意一个中,都只有 10%。此外,这两个国家中 30% 以上的追随者在同类中更加退步了。

那些的确取得进展且成为其市场中最好的两家企业之一的追随者,几乎总是出于如下三个原因之一才做到了这一点。第一个原因是为领导者所无法匹敌的创新产品的开发。这一行为使大约 4% 的追随者在这个 10 年的初期,上升到了领导者的行列。例如,推出了家庭视频游戏主机 PlayStation[20] 的索尼(Sony)公司,于 1987 年开发了干啤酒的朝日啤酒(Asahi Beer),以及拥有独特的电话设计方法并占据了 GSM[21] 手机"高地"(high ground)[22]的诺基亚(Nokia)。

追随者扭转其地位的第二种方法是利用它们在狭窄的细分市场里的一种独特的实力,将其作为以一种独特方式重建其增长战略的平台。一个例子就是企业租车公司。它以其在投保汽车替代和汽车美容细分市场上(the replacement and body shop segment)的领导者身份为基础,成功地成为了世界上最大的汽车租赁企业。最后,一批追随者通过一种低成本模式,抓住了产业利润空间的控制权,尽管它们的规模比较小。这方面的例子包括网上书店亚马逊(Amazon. com)和美国西南航空公司(Southwest Airlines)。

尽管出现了这些积极的例子,但远距离的追随者的成功转型记录,还是乏善可陈的。最好的希望,正如本节的教训所强调的,似乎是找到一个深植于企业内部的差异化竞争优势区域——一个领导力经济学的"岛屿",并从那儿开始,对企业的战略予以改革。很多时候,企业并不能从产品、客户或者处境诸方面,清晰地了解它们自己真正的经济学或经济状况。这意味着追随者往往拥有自己所不能充分意识到的一定的领导力或地位(pockets of leadership)。

围绕着一个可持续的核心改革的一个另类选择,是耐心等待产品创新的"闪电"的出现,或者索性从这个核心远远地跳进一片未知的领域,以寻找一个新的热点市场。然而,在一般的情形下(我将会经常重复这一点),那种方式的胜算或成功几率与彩票相当,只是说是你的转型战略。但是玩彩票的举动,却通常并非投资者和员工想从企业的领导团队那里看到的。

荷兰皇家孚宝集团:收缩式增长

当你发现领导力经济学(leadership economics)的一个未尽其用的资源时,有时候最好的反应是对你在那个领域的投资"加倍下注"(double down)。另一个需冒风险的版本(bold version),是有关收缩式增长(shrinking to grow)的概念。它被亟须一个更强大平台的、少得可怜的一些企业所信奉。考虑一下下面关于皇家孚宝(Royal Vopak)的例子。

如果不是从事石化业的,你可能都没有听说过"皇家孚宝"。它是大宗石油和化学制品独立罐储业务的全球领军企业,运营在从荷兰的鹿特丹到美国的休斯敦,再到亚洲的新加坡等 75 个港口内。在过去的几年中,孚宝一直是荷兰表现最好的股票之一。但它并非总是如此。孚宝的历史根源可以追溯到荷兰作为世界上最强大和最富有的国家的时代,基于它作为欧洲与远东航运、贸易的中心的角色。孚宝源自一家名叫帕克飞斯密斯特林(Pakhuismeesteren)的公司——它是由一群鹿特丹码头上的搬运工为了装卸船舶货物,于 1616 年创立的[22]。

至 2001 年,孚宝已是一家规模达 56 亿欧元^㉔的企业。其业务阵地主要包括航运(拥有自己的油轮)、化学品分销以及港口上的存储设施等。港口的存储设施业务最为有利可图,拥有最强势的地位。当孚宝的利润和股票价格遭受严重的压力——从 1999 年 7 月的每股 25 欧元,暴跌到 2002 年 7 月的每股 12 欧元时,公司采取了果断的措施,剥离了除存储业务之外的所有其他业务,把公司的规模缩减到 7.5 亿欧元。然而,它并未就此罢手。即便是在储存地点的组合之内,公司也卖掉了额外的业务,更进一步缩减了规模。

结果如何呢?令人惊奇的是,随着 2006 年 5 月股价反弹至每股 30 欧元,该公司市值上涨超过了初始的价值。此外,更强的、资金充足的业务也开始再度增长——通过组织自营(organically)以及或收购或建立新的港口阵地两种方式。2006 年的前半年,在这样一个天然低增长的行业中,孚宝使自己的收入有机地增长 17%,赢利增长 28%。孚宝的首席执行官约翰·保罗·布勒德斯(John Paul Broeders)说:"如果没有一开始的收缩,我们将不可能创造出资源,不可能有重点地管理,不可能拥有一个稳固的平台,使我们像已经做到的那样,开始再度增长。"⁹作为一个重建或更新疲弱不振的核心的现实策略,收缩式增长可能正开始赢得人气。实际上,25个案例研究中的三个成功地运用了这一策略:珀金埃尔默公司、三星公司(Samsung)和大世界百货公司(GUS)。

收缩式增长战略本身并不是目的,但它不失为一个能够为重新界定铺平道路的有用的策略。我们发现,这些举动在增加一个企业的价值以及解放诸核心之一(包括额外的资源)从而促使企业强化并增长上,有着很高的成功率——大致为三分之二。这与我第一本有关战略重心或专注的书《回归核心》所描述的发现相一致,并得到了学术研究的进一步验证。

下面让我用韩国三星电子(Samsung Electronics)的简单例子作为

结束，来说明本节的要点。

三星：稳固重新界定的平台

在 20 世纪 90 年代的大部分时间里，几乎没有投资者想要拥有韩国大企业三星（Samsung）。它因其低质的产品而臭名昭著。它的名字也没有出现在任何人的领先品牌名单上。三星公司的财务状况，看起来就像处于跳伞时的自由降落当中：一年之内，其市值就下降了 60%，利润下降了 95%。即便是堪称该企业皇冠上的宝石的三星电子（Samsung Electronics），也开始出现了问题。例如，尽管保持了在储存芯片制造业务上的世界领先地位，但它在快速增长的移动电话产业中，却远远地排在第五名。到了 1998 年，三星公司的状况已极其糟糕，以至于董事长李健熙（Kun-Hee Lee）对他的员工们说："我们正面临着从未有过的最糟糕的危机……能否生存本身，是一个未知数。我已经做好准备，放弃我的金钱、荣誉甚至生命，去克服这个危机。"[10]

幸运的是，李健熙并非不得不放弃任何这些东西。相反，他引领企业实现了引人注目的戏剧性的重生。三星公司的市值由 1996 年的 20 亿美元上升到 2005 年的 780 亿美元。其经营利润率（operating-profit margins）从 4% 上升为 21%。三星公司不再是一个"负债"的代名词，而是目前跻身世界 20 个最有价值的品牌企业之一。在消费电子领域，三星已经成为在任何地方都令人畏惧的竞争对手之一了。在写本书时，三星不仅在存储芯片和移动电话领域，而且在高端电视机和纯平显示器领域都名列前茅。

三星就是这样一个企业的例子：它首先使自己的情势接近（危机的）边缘，然后，用一个至今仍然保留着的结构调整办公室，系统地攻克自己的这些问题。它成功地实现了从结构调整向大规模成本削减，再向完整的战略重定向和组织整改的移动。考虑一下该企业所承担的那些主动行为。它们不仅具备可资他人借鉴的很具体的教训,也是用以结束这有关能力讨论的一章的一个合适的方式。

集中性关注与收缩式增长。当三星公司参与到一个越来越具有挑战性的全球业务中,与那些不断投资技术的竞争对手对抗时,出现了严重的财务问题(hit the wall financially)。于是,三星不得不设法腾出资源,以专注于稳固核心。它关闭了全公司范围内的34项业务(例如小家电),出售了另外42家低增值(low-value-added)业务,取消了250多项较大的内部投资项目。公司将大部分努力专注于三星电子(Samsung Electronics)上。该分公司涵盖了它的半导体业务和诸如电视机等的消费类电子产品。

稳固成本基础。一个良性发展的国内市场,曾经促成了韩国财阀组织(chaebol structure,韩国家族企业集团)的蓬勃发展。正是在这样的背景下,三星旗下的三星电子被经营成一头"现金奶牛"(cash cow),为其他一系列没有强大到足以自立的三星分支企业提供资助。在一个日益艰难的全球竞争环境中,这成了三星公司承受不起的负担。其长期员工的多层级结构也是如此。该结构遭到了三星结构调整办公室的强烈打击。使得三星电子拥有的员工数量,从1996年的84 000名下降到1999年的42 000名。供应链中的资产紧缩步成本紧缩后尘而来,成为团队下一步行动的重点。公司很快清除了表现欠佳的产品线,并从1997年到1999年间,共减少了80亿韩元的库存。

强化运营能力和平台。或许最为持久的、在某些方面也是最让人惊奇的变化是三星将在产品质量和周期时间缩减方面的最佳实践或做法予以识别,并向它的核心半导体业务里引进的能力。

凭着三星作为大多数类型芯片——从动态随机存储器(DRAM)到大规模集成电路(LSI)(微处理器系统)——全球前三名供应商之一的地位,这一业务是一项未充分借助或利用的资产。

这期间,公司从世界各地尤其是日本,运送来许多技术咨询顾问。试图在半导体制造的每一个环节,都成为世界上的最佳实践(best-practice)生产者。在这个过程中,三星在建立一个新的半导体制造设施的周期时间方面,实现了从平均水准向最佳水准的转变。同时,它也是达到由那些工厂的新产品所带来的高收益率(一种效率的度量)的最快的一家。三星释放了它的虽然领先但先前效率不高的半导体业务的潜能,以刺激和推动它下一个投资,高端消费类电子产品。它是少数拥有这一领域或细分市场全部技术的企业之一,也是唯一一家在许多产品线上都同样强大且成本低廉的企业。

随后不久,在科技专利申报方面,三星从一个落伍者一跃成为全球领军者之一(从20世纪90年代早期的每年300项,发展至90年代后期的1 400项专利申报)。

添加新的能力,以重新界定增长模式。通过这个平台,三星在它拥有核心技术并能够聘请顶尖设计人才的消费类电子产品的选定区域里,接驳(dialed up)了它的投资。目前,它已经是显示器、录像机(VCRs)、纯平显示器(flat-panel displays)以及手机等一系列个人消费市场的领军者。似乎一夜之间,三星就从业界的一个无名小卒,跻身世界最具价值的消费品牌20强。

今天,三星的结构调整办公室继续履行着它的如下使命:驱动大的、全公司范围内的项目规划;搜索韩国以外可供自己效法及赖以确立基准点的最佳实践。几乎没有其他大企业有过这种激进的、特许的内部组织。有意思的是，有 20 多个业务部门的主管都接受过结构调整办公室的安排和它所提供的培训。

管理战略资产负债表

本书辩论三个简单的论点。第一，比以往任何时候都要更多的公司将会发现，它们曾经非常成功的增长模式，正在接近其自然极限。它们将需要考察在其核心里作出根本变革（有些是第一次）的前景。第二，变革的警示性标志的揭示，较少地体现于通常的财务和运营比率，更多地体现于潜伏在表面之下的结构性指标和负债（在我们的"核心状态诊断"体系下，可被度量）。第三，最成功的转型案例，在性质上是模块化的或渐进式的，并以新的核心中的领导力经济学（leadership economics）（相对于热门市场）为目标，寻求一个可重复的增长模式，并依赖于隐蔽资产。

核心的重新界定，并不总是可能的。在某些情况下，它也可能是并不适宜去做的事情。一些企业面对自己利润空间的萎缩、某种突破性技术（disruptive technology）的冲击，或者其过去的增长模式突然间"跑完了跑道"（runs out of runway）的结局，将无法找到可行的解决办法。对于这些企业的回答是，仔细检查它们查看自己的隐蔽资产的过程，试图按照本书中的理念，找到一个解决问题的明智的方案，从而增加这样的解决方法将会被找到的胜算——假如它的确存在。然而，并不是所有的企业都能被重新界定，也不是所有的企业，都有一条通往未来的、不破坏价值的路径。在那些情形下，答案也许是同一个有着更为光明的前途的竞争对手合并，或同一个拥有你所缺乏的东西的企业合并，或慢慢地清算破产并集聚现金以还给股东们。

最缺乏吸引力的行为——为统计记录所显示的，破坏最多价值的——就是绝望之下的鲁莽举动：进入一个热门市场，把你所有的筹码都押在一项冒险的新技术上，或者用剩余的资源去认同一项"大爆炸"式转型动议。这里的成功记录并不明显好过纯粹的彩票。本书与成功几率的理解有关，并旨在阐明一个用以找到的确存在的更新重建的路径的、得到过证实的方法。本书并不能保证这样的重新界定总是答案，或总能被特别经济划算地达成。所有悲剧里最糟糕的就是，当一个明晰的、能够创造价值的取舍对象——体现于建立在隐蔽资产之上的一项新的战略——存在时，当事者却偏要踏上毁灭性的道路或者索性放弃。我希望本书至少能够帮助一些企业去避免这样的命运。

现在，我们开始着眼于那些可以重新激发公司增长的隐蔽资产，以及你可以最大限度地利用来更新或重建你的核心业务的方法。

第三章 价值被低估的业务平台

本书及我们整个研究成果的核心是这样一种观念：即一个企业过去的增长阶段，必然积聚和培育了一系列隐蔽资产。而这些隐蔽资产很多时候被证实是未来战略的中枢。当然，这并不意味着它们就解决了问题，或者说，向企业的外部去寻求答案就不必要了。正相反，战略性的更新重建几乎总是需要获取一些新能力。问题的微妙之处在于，在一个给定的企业内，许多可以用于更新重建的组件，其实早已存在。只是，它们带动增长的未来的作用，还没有得到充分重视。这正是我们把它们称为"隐蔽资产"（*hidden asset*）的缘故。与其说企业忽视了它的存在，不如说企业通过重要性排序，把它们的实际效用和真正的长期价值打了折扣。

我们界定了三种主要的隐蔽资产类别。它们在我们考察的案例研究中至关重要。本章所要描述的第一类包括能够成为新一波增长中心的资产——无论是作为一项全新的业务，还是作为重新界定旧核心业务重心的一种方式或途径。这些隐蔽资产可以是一项被低估的业务或产品组合，一个未尽其用的支持功能，或者一组结合在一起的、为一个新的战略创造支点的邻接性举措（adjacency moves）。①

珀金埃尔默公司如下的案例展示了一个隐蔽的业务平台——在本

案例中,体现为一套产品,如何能够提供重新界定企业的核心以及恢复其增长势头的线索或秘诀。

珀金埃尔默:改变DNA

还是一个孩子的时候,迪克·珀金(Dick Perkin)就迷上了天文学。13岁的他,已经开始在父母的地下室里,研磨、抛光自己的望远镜镜头了。31岁时,他和合伙人查尔斯·埃尔默(Charles Elmer)一起在曼哈顿成立了一家制造精密光学元件的公司。这一年是1937年。

到第二次世界大战爆发时,这家年轻的企业在精密光学镜片上的声誉已经很高了。它成了美国坦克潜望镜和空中侦察(镜)的主要供应商。大战结束时,这个被称为珀金埃尔默的公司打进了专门提供诸如分光计(spectrophotometers)和气相色谱仪(gas chromatographs)这样的分析仪器的、新兴的光学电子世界,并迅速成为市场领军者。该公司也是大型望远镜制造方面的龙头企业。1957年,美国政府指派珀金埃尔默公司跟踪曾震惊了美国的前苏联人造地球卫星史普尼克一号(Sputnik I)[②]。之后,该公司又为美国国家航空航天局(National Aeronautic and Space Administration)制造了哈勃太空望远镜(Hubble Space Telescope)。[1]

在20世纪90年代早期,几乎是出于一次偶然事件,珀金埃尔默通过与西特斯公司(Cetus Corp.)[③]的战略联盟,向另一个方向扩张业务,开发用于放大DNA的产品。在这一过程中,珀金埃尔默取得了拥有被称为聚合酶链式反应(polymerase chain reaction,PCR)技术的尖端程序的权利。在被公司内部视为一次非常有争议的举动当中,它还兼并了硅谷(Silicon Valley)一家小型生命科学仪器企业——爱普拜斯应用生物系统公司(Applied Biosystems,AB)[④]。

但似乎并没有什么东西能够复原或重现早先的魔力和神奇。到了1993年，珀金埃尔默的核心市场变得不景气。由于被那些低成本的竞争对手所打压，公司的收入停滞在12亿美元，刚好是其10年前的水平。而财务报表的结算底线所显示的亏损为8 300万美元。在先前的10年里，珀金埃尔默的市场地位已经受到侵蚀，并已无法为股东们创造经济价值了。董事会需要一个能够为公司业务开拓出一条新路的首席执行官。它们所找到的人是托尼·怀特（Tony White），他已经在百特国际（Baxter International）⑤成功任职26年，并正在为自己的职业生涯寻找新的挑战。只存在一个问题：在他1995年接手的时候，这家公司没有增长，利润很低，也没有任何改善或修复这种状况的计划。怀特回忆说：

> 当我到达时，这个公司的确正在挣扎。我第一个本能的反应是，我不得不对这个公司进行全盘改革：在规模不大的生命科学仪器生产线上大力投资；修复早先的仪器业务的赢利问题，并利用这一业务的回报资助新的核心。经过了一番努力后，我得出结论：这一转型是有风险的，但可行。因此，我接下了这项工作。在成为首席执行官之前，我对我想要做什么有一个不错的想法；在开始任职时，我进一步完善了那个计划。我想要做某种重大的行之有效的事，并认为唯一的出路，就是尝试着把公司从一家衰落的、经营实验室仪器业务这一旧行当的企业，转变成人们眼里对新的生命科学产业有着最专注的承诺的企业。

> 珀金埃尔默较早地介入了PCR技术，并享有该技术的共同拥有权。1993年，他们还买下了爱普拜斯应用生物系统公司。它仅仅是作为可以被整合进其产品目录，并添加一些新的产品编号的另一条仪器生产线而被兼并的。

让我惊诧不已的是将爱普拜斯应用生物系统公司拆分,并把它的各部分跨职能在组织中予以分配的做法设想得有多么不对头。我想:"这是一个它的管理层看不见自己拥有什么的公司。"所以,我放出的"三把火"或踢出的"头三脚"的其中之一是,开始重新调配爱普拜斯应用生物系统公司的各部分。我任命了这一部门的新总裁,迈克·亨卡皮勒(Mike Hunkapiller)。同时宣布,我要在三年内,围绕着在关键的生命科学检测技术方面,拥有领导地位或领先优势的这一独特平台,对公司的核心业务进行改革。[2]

怀特非常注重交流和沟通的开诚布公与经常性:

在我与员工们之间最初的一些沟通活动中,我决定不假模假式,而是直接告诉他们,管理团队和我已经决定做到如下这一点:计划在三年内退出以前的核心。我单独或以小组的形式同全公司上下每个员工见了面,就原有的核心和新核心的不同角色和作用进行了交流。为了完成这次转型,我们必须为每一个业务中的员工们,制定一些不同的、能够反映他们的特殊角色和作用的激励机制。在珀金埃尔默原来的业务中,我们决定从成本结构中,节省出 7 500 万~1 亿美元,之后我们就着手做这件事。我们实际上找到了比这个甚至还要多的成本节省。在爱普拜斯应用生物系统公司的业务中,我们设定了在三年之内,通过启动导致了 3700 型基因测序仪产品线出笼的一个计划,实现从 4 亿美元向 10 亿美元冲刺的收入目标。

怀特之后又拿出了另一个重要的举措:他雇请了特立独行的科学家克雷格·文特(Craig Venter),责成他成立一个团队,利用爱普拜斯应用生物系统公司的基因测序机器,定序出完整的人类基因组。如果这个团队成功了,它将是全世界第一个抵达这一里程碑的团体,从本质上提供人类的生命之钥。

基于第一个对基因组定序,并随后将其扩充为一项数据和诊断业务的目标,珀金埃尔默成立了一个子公司塞勒拉(Celera)。为了给这一事业提供资金,怀特在一场二次公开募股中,筹到了10亿美元。他还退出了该公司原有的核心业务——仪器制造,几乎正好与他最初定下的三年时间表相吻合。坐落于马萨诸塞州韦尔斯利(Wellesley Mass.)的EG&G公司作为买主,为该仪器业务支付了4.25亿美元,并迅速地将自己公司的名称改为珀金埃尔默。与此同时,怀特又成立了一个名为阿普尔拉(Applera)的公司,作为爱普拜斯应用生物系统公司(专长于测序设备和用品)和塞勒拉基因组技术公司(Celera Genomics)共同的控股公司。为了给资金募集和估值建立一个单独的流通渠道或媒介,塞勒拉公司还发行了一支单独的股票系列,是现在的一支定向股(tracking stock)⑥。怀特说:

> 我的爷爷说过:"永远都不要孤注一掷(bet the company)⑦。"但总有你不得不这么做的时候。这一回就是一例。我对于我们能够完成人类基因组定序很有信心。当政府决定把它弄成一场竞赛并且向我们挑战,希望自己不要被一家私人公司给比下去时,我很开心。与原来的仪器业务不同,爱普拜斯应用生物系统公司里的人要更年轻,都是硅谷型的员工。他们不介意冒险,更多注重的是灵活性和社会使命,而不是保住饭碗。这其中所隐含的主题无疑是:"我们将改变世界。"你可以对子孙们说,在通向治愈癌症或阿尔茨海默氏症(Alzheimer's)的道路上,你也曾经帮了把手。

过去 10 年中最激动人心的商业故事之一，就是塞勒拉公司赢得了比赛，成为第一个完成人类基因组定序的团体。它击败了政府资助的"人类基因组计划"（Human Genome Project）——其成员有 DNA 双螺旋结构的发现者之一，获得过诺贝尔奖的科学家詹姆斯·沃森（James Watson）博士。

这是一个惊人的成就。基因组是包含在发现于每一个细胞核内的 23 对染色体之上的。一个 DNA 链只有一英寸的 790 亿分之一（按：一厘米的约 311 亿分之一）那么宽，但如果你能把它拉开来，它的长度将可达到 6 英尺（按：约 183 厘米）⑧。每条链含有四个一组的化学碱基（chemical base），就像组合成一本书的单词字母——只是，基因组拥有的是 10 亿个单词。按每天八小时计，需要花费一个人 100 年以上的时间，才能够把它们通读完。[3] 自塞勒拉公司基因组定序的壮举开始，全世界已看到了一波科学与商业应用的浪潮，体现在基因治疗、诊断、测试以及使药物能够更精确地作用于人体的方法等方面。这一壮举甚至在基于 DNA 的鉴定及其他法医学应用方面也导致了一场革命。

那么，是什么说服怀特违背祖父的劝诫，孤注一掷地去赌这个公司的前途（bet the company）的呢？"我有很强的信心我们能够为人类基因组定序。"他说，"除了自己的团队之外，我还听取了外围的科学顾问，例如我们的董事会成员阿尼·莱文（Arnie Levine）的看法。还记得对我来说决定性的一刻我正在开车，阿尼·莱文在对这一想法，作了自己审慎的尽职调研（due diligence）之后，给我打电话说：'我们可以做这个。'我则回答说：'我现在只能去做这个了。'我感觉不能原谅自己——股东们也将不会原谅我——如果我当时没有大胆地去冒险的话。"[4]

基因组所带来的兴奋与激动情绪的迸发，导致塞勒拉公司的股票在 2000 年 3 月剧涨至惊人的每股 247 美元。这意味着对这个小公司的估值，已达到 180 亿美元。虽然最近以来，其股价已回落到了接近现实的水平,但在整个转型期都坚持下来的那些股东们,仍然很高兴:一个在怀特宣布其改革战略时持有珀金埃尔默股票的投资者,已在该投资上收获了大约2 000%的升值回报,更不消说拥有的是定序了人类基因组的公司的一部分了。顺便说一句,即使塞勒拉公司获得了醒目的头条新闻地位,爱普拜斯应用生物系统公司还是成为了定序仪器业务方面的黄金标准——不仅占据了一个很强大的定序仪领导地位,还拥有一个用以在邻接市场上,追逐新机遇的健全耐用的平台,从而可以借助和利用该公司19亿美元的收入和2.75亿的净收入。

珀金埃尔默公司的故事,体现了我们在一个值得关注的例子中所得出的许多关键性结论。首先,是整个企业而不仅仅是战略,在被低估了的资产——那些与其他的科学仪器一起,被深埋于商品目录中的基因定序设备和相关用品——的基础上,进行了改革。其次,珀金埃尔默为了以后能够增长,首先通过出售原来的设备业务(分支),收缩经营阵线——鉴于该公司一贯的价值释放或扩张记录(record of liberating value),这无疑是一个过去未充分使用过的举措。第三,改革的进程始于一波激进的成本削减和运营性改进举措。目的是积聚现金,以刺激和助推新的战略,并稳定和强化关乎其新的未来的核心仪器业务。

最后,珀金埃尔默公司的问题,比起单纯的财务报表和市场份额数字所披露的显然要更深一层。它们直抵该公司相对于外国仪器企业的相对竞争成本地位,以及因新产品里缺乏足够的创新元素,而正处于削弱状态的、一个令人忧虑的基本客户群(customer base)的核心。

珀金埃尔默面临的挑战

珀金埃尔默公司的转型突出了执行中的若干实际问题:你如何处理或对待一个各部分都有着不同任务或使命的、分裂的企业组织?你如何处理或对待由与过去的极度背离,所造成的必然的不协调状态?

托尼·怀特和他的团队决定，从一开始就要对新旧组织的不同角色或作用，以及它们每一个的具体战略和目标、目的予以明确。他们告诉旧有的仪器业务的经理们，他们将基于生命科学业务内容的顺畅分离，成本的显著削减，结构调整（例如工厂的关停并转）的可观实施，以及业务出售或分拆的良好准备程度等多个侧面，来评估工作的成功。

即使那些没有签约领受任务的人，也得到了足够的关注。他们中的一些人离开了。而那些留下来的人，在珀金埃尔默将一定能找到尽可能好的母公司的信念支撑之下，获得了专注于现金流和成本目标的一套新的激励机制。为了使之真实可信，怀特从一开始便宣布了一个明确的时间期限。"每个人都在问，'这对我来说意味着什么？'"怀特说，"在仪器公司，这一点尤其重要。我很看重时间框架；否则，人们就不会相信。事后看来，这项三年的底限是绝对必要的。"有意思的是，怀特的团队也的确履行了它要为原先的核心业务找到最好的母公司的承诺：把业务卖给了将自身更名为珀金埃尔默的 EG&G 公司。把一家公司分割成两部分——各自有着独立的角色，根本不同的战略重点（一是增长，一是强化运营），以及单独的时间框架——并非易事。这需要一种不同寻常的开放程度，差别极其明显的激励"套餐"，以及有关为什么对企业的两个部分来说，这都是正确的路径的一种令人信服的逻辑。不过，这一做法的确奏效了。

怀特对这一内容作了全面的评论：

> 在像这样的情况下，首席执行官职责中最重要的部分，就是建立共识。没有共识，你就不可能得到忠诚。这并不意味着首席执行官拿着新的规约牌匾出场，并指点说："把这些都读读。"这是一个将不得不考虑各种不同的观点的、周而复始的过程……作为首席执行官，下面会有很多人嘴上说他们同意，但

实际上心里却不同意。所以你不得不在这个层面上，不断地做工作。我们早餐时也做，午餐时也做，一遍又一遍，在每一个级别上这样重复。你尤其不得不了解和考虑的是公司内部每一个部门不一样的需要。比起那些想要通过他们的基因分析产品来改变世界的、典型的硅谷科学家来说，这些在仪器业务方面的人们，有着非常不同的需求和愿望。

这两个群体的一致性主题是在每个群体的努力下不断上扬的股票价格。而在新的激励方案下，双方都从中获得了益处。

当拥有成千上万名员工、复杂的客户网络、以往遗留的战略以及错综繁复的现状的企业，能够通过若干模式或类型——它们在一个又一个产业里，被反复地践行或演示着——来增长的时候，它们就会对自身更新重建。这些模式混合着如下几种要素：

- 出色的侧向思维(lateral thinking)⑨
- 一个关于未来的明晰的、合乎时宜的观点
- 对核心状态的认知
- 那些不是过去的成功程式的中心，但现在似乎握有未来之钥的隐蔽资产

新的重心

我们对于《财富》500 强企业发展历程的研究表明，在战略方向上作出了重大改变的单核心企业的 30%～35% 是通过借助于一个隐蔽的平台完成的——一种曾经处在外围而目前在舞台中心已占据了一定地位的资产。在我们的 25 个企业案例中，大约有一半基于这样一种资产重新界定了它们的战略。

在另一项独立的研究中,我们分析了由 105 桩战略案例所组成的一个样本——它是由我的公司为那些追求下一波赢利性增长(通常情况下还包括战略的更新重建)的委托客户们开发整理出来的。主导这项工作的经理们报告说,本章所描述的这几种类型的隐蔽平台通常是最终战略的中心。在这些企业案例的 7% 里,关键性的平台资产是一个作用没有得到充分发挥的产品线;在这些企业案例的 34% 里,一个关键的组成部分或称要素,是一系列创造了更进一步战略机会的、未被开发的邻接扩张举动;在这些企业案例的 26% 里,一种主要的能力或者内部支持功能,被证明具有比已被意识到的更多的潜力和可能性。

我们确定了如下三种主要的平台:

- 邻接性平台(新的地域、分销渠道等):为扩展核心业务,它们已被先期进驻。现在凭它们本身作为一项新战略的平台的实力,可以提供更多的潜力
- 为核心业务提供支持功能的服务和活动(例如,客户服务机构或者独特的信息系统)
- 非核心业务以及"孤儿产品"群组

本章将会对上述这三类被长期低估的资产的每一种都展开讨论。同时也将阐明如何去发现这类资产。还会描述在帮助振兴一项核心业务方面能够作为支点的商业条件或环境。

并非每一家企业都拥有这样的隐蔽平台;很显然许多都没有。此外,一些企业太大了,以至于需要采取若干种借助于隐蔽资产的主动措施才能使整体的战略有所进展。不过,根据我的经验,经理们并没有充分意识到他们积年建立起来的所有资产;同时,也没有通过一组足够丰富、严密或是有创意的透镜,来察看过它们。

问题的关键在于,对于那些拥有这类资产的企业来说,它们可以使

一切都变得截然不同。

第一类平台:核心业务的邻接地带

在《从核心扩张》一书所报告的我们先前的研究中,我们发现,一般性实力雄厚的业务新增长,来自于对核心周围的所谓邻接地带(adjacencies)——新的地域,新的细分客户群,新的产品或服务,价值链上的新环节,或者新的渠道——的挺进举动。大量的数据分析已经表明,这些个别举动的成功几率大约在 20%～25% 左右。但是,一些企业开发了一个可重复的增长模式,能够容许它们在一个时期内,比其竞争对手行动得要远为快速,成功几率也高得多。

邻接地带或区域是大多数企业的增长途径。然而,这些对于某一项业务的并不引人注意的扩张,很自然地会从一个向另一个流动,也许就会以某种令人惊奇的方式结合在一起,形成一个新的增长平台,乃至可以触发一个全新的发展战略的灵感。作为一个例子,不妨考虑一下多美达公司(Dometic)的情形:一家瑞典企业,能够在其核心的制冷业务上,有效地利用一长串成功的邻接扩张举动,进入到了完全改变了其业务性质及其经济意义或内涵的、一个新的始料不及的业务重心。

多美达公司如何逼走竞争对手。1922 年,两个瑞典工程系学生卡尔·蒙特斯(Carl Munters)和巴尔察·冯·普拉滕 (Baltzar von Platen)发现了一个耐人寻味的成果:利用被称为吸收技术(absorption technology)的技术,他们建造了小型的、静音的冷藏装置。一年后,瑞典 AB 伊莱克斯公司(AB Electrolux)购买了两个发明者的专利权,并开始生产以吸收技术为基础的冰箱。与大多数家庭拥有的、靠由电机驱动的压缩机来制冷的冰箱不同,吸收式冰箱(absorption refrigerator)没有任何运转的部件,不需要电能,只靠某种热源例如一个丙烷罐来驱动。所以,它们在很难得到电的地方,例如轮船上或者休闲旅行房车(recreational vehicle 或 RV)中特别实用。伊莱克斯公司负责吸收式冰箱的分支单位,被称为伊莱克斯休闲用品公司(Electrolux Leisure Appliances)。它后来成为独立的多美达集团。

1973 年时,多美达公司规模尚小,收入仅有 8 000 万瑞典克朗,并且正处于亏损的状态。而到了 2005 年,在经过对核心的几波重新界定之后,多美达公司的收入已经增长到 73 亿克朗(约 12 亿美元)。它不仅赢利,而且在其所有核心市场上都占据领先地位。在其间的这些年里,通过某种方式,一个规模不大的、看似墨守成规没有什么指望的老企业,变成了一个赚钱的市场领导者。

领导重塑多美达公司的人是斯文·斯托克(Sven Stork)。斯托克最初是受命修复伊莱克斯出了问题的产品线。而当 2001 年公司被卖给私人股权投资公司殷拓集团(EQT)之后,他进而成为多美达公司的总裁兼首席执行官,并且于数年之后,任职公司董事会主席[多美达公司于 2005 年,被再次卖给投资公司 BC 合伙人(BC Partners)后,后者又任命了一位新的董事会主席。斯托克现任该集团的高级顾问]。斯托克和他的团队把吸收式冰箱,推介给了酒店旅馆的迷你酒吧市场。在那些地方,这类装置的静音运转给了它们一种胜过传统冰箱的优势。该业务增长迅速,多美达公司并购了它的许多竞争对手。随后,团队决定将其产品的供应范围,扩大到正兴旺发达起来的休闲旅行房车(RV)市场。自 20 世纪 50 年代多美达公司启动该市场以来,该公司所占的休闲旅行房车专用冰箱市场的份额积年增大,直到多美达公司夺得了该细分市场将近 100% 的份额。这给了该公司赖以重新界定其自身的、一个具有可持续性和承受力的核心。

对下一步发生了什么,斯托克作了这样的叙述:

我们决定把休闲旅行房车，变成人们可以真正居住的地方。这一想法对那些了解客户的人来说是清楚明白的，但还是花了一些时间去说服制造商，尤其是我们自己组织中的其他人。于是，我们开始在产品线上，添加其他相关的系统——如在 1983 年添加了空调，1986 年添加了自动遮篷。所有这些都通过统一的安装商和经销商渠道出售。通过这些举动，我们开始在这一渠道中逐渐培育起了市场影响力。于是，我们接下来为更多的功能添加了更多的产品线，以使得休闲旅行房车宜于居住——烹饪、照明、卫生系统、净水器、发电机，等等，直到我们拥有一个完整的休闲旅行房车专用系统。该系统是 60% 通过企业内部有机增长，40% 通过并购，一步一个脚印逐渐建立起来的。通过 29 次并购，我们培养了并购方面可重复的技能：某些我们的竞争对手肯定没有在做的事情，一种现在对我们来说是核心的能力。

在这一过程中，我们决定通过消除分销层直接面向经销商的方式，精简在美国的经销商业务，极大地降低成本结构。我们就像军人作战一样，如临大敌地为风险作准备。这是一次神奇的一击成功。我们是唯一的一家大到能将这一切做成的企业。它让我们在竞争对手们还没有来得及脱困而出、有所施展（come out of the bushes）[10] 的情况下，就将他们淘汰出局了。我们接下来专注于产品开发的速度，无论何时只要可能，都要让竞争对手们再落后我们一步。这些能够保障更高开发速度的技能，成为了我们的核心的一个持久的部分。[5]

如今，多美达公司拥有休闲旅行房车（RV）内饰系统全球市场份额的 75%，以及在分销渠道方面的领导地位。同时，它也一直在向新的邻接业务区域或地带进行扩张;最显著的是其他类型的具有"内部可居住"(live in)性质的交通工具,例如海轮和长途货运卡车。在休闲旅行房车这样一个低增长的市场中,多美达公司从 1990 年到 2005 年,以每年 10％的速率获得赢利性增长。这即使是在更快速增长的市场里,也是一个令人羡慕的记录。相比之下,在七国集团①经济体中,只有 7％的上市公司实现了 5％的真实收入增长,增加了其利润,并拿回了其资本成本。从一个看起来黯淡的出发点起步的多美达公司,在一个很少有人会注意到的市场中,已抵达或跨越了所有这些基准。通过专注于针对邻接市场的两个连续性举动——吸收式制冷以及后来的休闲旅行房车——之中的希望之"核"(a kernel of promise),该公司从自己的核心转换而出,并进行了重塑。

多美达公司增长和重新界定的基本模式,是多年来我们已概括的有关成功的四项主要原则的一个教科书式范例:1)转型过程中的渐进主义或渐进式思维,2)隐蔽资产的发现与利用,3)作为战略的最主要成分的潜在的领导力经济学,4)从一个可重复的模式,向另一个对企业来说具有独特意义的模式的转移或发展。第一个模式是沿着吸收式制冷领域,逐个产品地向前移动(其中之一是休闲旅行房车);第二个程式转了方向和角度,从休闲旅行房车的位置,转入休闲旅行房车的一个序列的内部装饰组件,最终获得了那个细分市场和渠道的领导地位;第三个程式是目前正尝试着将这一战略模式,向其他内饰系统——从轮船到长途货运卡车——复制。

邻接性扩张举动在重新界定战略方面的显著作用,或许并不能令那些相信企业需要彻底改造其基本模式的战略家们兴奋。但是,许多核心内有着严重问题的企业,通过依靠隐蔽资产,已经抵消了不断增长的"战略性负债"(strategic liabilities)的影响。最理想或许是这样一种偶然的发现:一系列以前的邻接性扩张举动,能够使一个新的战略方向成为可能,从而开启了某个新的方向上的一系列重复的举动(一如在多美达公司的案例中所发生的)。如果你能找到这样一种新的战略——在它的中心,有一个可重复的、能够驱动更进一步增长的模式,你就相当于拥有了世间最美好的东西(best of all worlds)⑫。可重复性处于决定一些大的竞争性较量——如耐克对决锐步,沃尔玛对决凯马特,还有星巴克(Starbucks)对决你当地的咖啡馆——结果的核心地位。

第二类平台:世界一流的支持组织⑬

好莱坞的成功故事里充斥着那些因"抢戏"(steal a scene)脱颖而出并晋身为明星的、不知名的演员的例子。这其中一个不错的例子是马特·戴蒙(Matt Damon)在影片《神秘的比萨饼》(*Mystic Pizza*)中扮演的角色。戴蒙只在一个场景中出现并只有一句台词。但就是那短短的一场戏,却是如此地令观众瞩目,以至于最终将他推向了主角和明星的地位,并登上了奥斯卡奖的领奖台。

在生活的很多领域,当然,也包括商业,我们都能看到同样的现象。一些大的商业业务的更新重建,就是被那些对支持核心业务来说必不可少,并随后占据了舞台中心的功能或能力所触发的。最有案可稽的企业成功故事的其中三个——IBM、通用电气资本公司(GE Capital)和美国航空公司(世博公司)[American Airlines(Sabre)],便依循的是这一模式。下面所总结的它们的故事,体现和证明了我有关更新重建平台的观点。

IBM 的全球服务集团(Global Services Group)——2005 年贡献了整个公司利润的 35%——曾在很大程度上一度隐蔽于管理层的视野之外。由于公司在快速发展的个人电脑业以及具有挑战性的主机与微机市场上竭力参与竞争,服务业并没有出现在任何人的"雷达屏幕"(radar screen)之上。导致 IBM 公司转型的是其麾下一家"名叫'集成系统服务公司'(Integrated Systems Services Corporation)的全资子公司",发起了这一转型举措的首席执行官郭士纳（Louis Gerstner）⑬回忆说，"集成系统服务公司是我们在美国的服务和网络业务部门业务组合中一个虽很有前途但却是相对次要的部分。事实上，它在 IBM 系统中甚至不是一项独立的业务，只是销售队伍的一个附属部门"。6

1993 年，郭士纳及其团队决定建立一个将会独立于 IBM 硬件部门的服务业务分支。事实上，如果形势需要，它还被允许推荐惠普（Hewlett-Packard）或是太阳微系统（Sun）或是微软（Microsoft）的产品。1996 年，IBM 公司将 IBM 全球服务（IBM Global Services）剥离成了一家独立的企业。1999 年到 2001 年间，随着公司硬件业务的销售额停滞在 370 亿美元，并随后滑落到 330 亿美元，新的服务业务开始挑起了企业增长的担子。到了 2001 年，它已增长到了 350 亿美元，大于 IBM 所有的硬件业务，并且占了公司市值约三分之二。"如果创建 IBM 全球服务的努力失败了，"郭士纳说，"那么，IBM，或至少我梦想中的 IBM，将会随之而失败。"这说明了一切。

类似地，在杰克·韦尔奇（Jack Welch）时代的最后 10 年里，带动了通用电气增值 60% 以上的利润引擎，也是其业务组合中一个被忽视了的部分——通用电气资本公司。为帮助大萧条时期（Depression-era）的消费者购买家用器具与设备而创建于 20 世纪 30 年代的通用电气资本，直到 20 世纪 80 年代晚期，增长得都比较缓慢。这一期间，它一直作为一项支持功能，为通用电气公司设备业务的范围广泛的消费者们提供服务。通用电气公司后来决定为这项支持性业务制定一项战略，并确定在维持其高利润的同时，是否能使它的规模显著增大。最终这一战略奏效了。

1990 年到 2000 年间，通用电气资本公司完成了 170 多桩并购——平均每个月不止一个，持续了 10 多年。到了 2005 年，通用电气资本公司已经达到了 3 940 亿美元资产的显著规模，并占了通用电气公司利润的35%。自从这一部门被发现并被接纳为公司的一个主导性角色,通用电气公司将近三分之二的股东价值的增长都可以归功于它。

某种支持性功能借助于一个中心角色脱颖而出的第三个例子,能在一个为创造经济价值,已经奋力挣扎了很长时期的行业——航空业——里得到印证。少数已见成效的策略是通过一种支持性功能的发现而出现的——例如,就美国航空公司(American Airlines)而言,是其10多年前的旅行预订软件和系统;就加拿大航空公司(Air Canada)来说,是它去年[15]被作为一家上市公司剥离的"飞行常客计划"(frequent-flier program)。2000年,美国航空公司的出行预订功能(部门)——世博公司,作为一家独立的公司上了市。它迅速地派生出了一个自己的新核心——速旅公司(Travelocity),这是一家领先的以互联网为基础的旅游预订企业。2005年,两者加在一起的业务收入达到了25亿美元。并且,今天世博公司的市值已经超过美国航空公司的一半(世博公司甚至一度要比它的母公司更有价值得多)。

加拿大航空公司的战略也是类似的。它将它的一系列支持性功能——包括作为它的飞行常客业务的"飞行计划"(Aeroplan),在多伦多证券交易所(Toronto Stock Exchange)上市发行。它们作为单独的经济实体被置于名为ACE航空控股公司(ACE Aviation Holdings, Inc)的控股企业旗下。"飞行计划"的上市发行被估值20亿美元,是该航空公司本身价值的很多倍。而投资者对它的超额认购率更是高达600%。

许多被企业用为广阔的更新重建平台的隐蔽业务,都出自如下两个源头之一:有一些是为满足某些特定情势里的核心客户的需求,而特别开发的内部服务。后来才变得拥有更大范围的吸引力。IBM全球服务部就是一个例子。另外一些则是从最初为强化企业的核心而开发的内部功能性能力里脱颖而出。这些能力之后才最终转化为一项新业务的重心。世博公司便是这样一种业务的例子。

所有这类案例的成功几率都不低。这些隐蔽的核心都是相对近距离的举动,与公司的真正核心仅有一步之遥。它们已经被证明具有在核心之内的功能性,可能甚至还包括可赢利性。鉴于这些可能性,对大多数企业尤其是那些处身于湍流(或潜在性的湍流)市场和产业——新的、尚无人有所要求或光顾的利润空间,正在其间形成——中的企业而言,最明智的是优先考虑对隐蔽的核心的搜寻。

第三类平台:非核心业务与"孤儿产品"线

所有的企业并购者都梦想着他们买的下一个企业将会证明拥有巨大的潜力,甚至将会在其横跨现有业务组合的转型中,成为一种"催化"或促动因素。这一情形只是偶尔才会发生。不过,就像一个艺术品收藏家在一次捐赠品义卖或清仓拍卖中,竟然发现了伦勃朗(Rembrandt)的蚀刻版画一样,它的确可能发生。鉴定并购的资产本身,显然不会像看出一项支持性功能或者邻接性扩张举动的一个组合所隐含的希望或前途那样困难。但是,一项并购尚待开发的潜力的最大伸展可能性或限度,可能是相当隐蔽的;同时,造成了这一潜力的一些更深层次的能力也可能是相当隐蔽的。就英国零售商大世界百货公司(GUS)而言,来自于两项并购——信息服务商益百利公司(Experian)和零售连锁店阿尔戈斯公司(Argos)——的全部潜力被证明了比预期的要大,并在整个企业的结构调整和重组上,发挥了积极的作用。在并购阿尔戈斯数年后,大世界百货公司卖掉了它原始的核心业务家庭购物公司(Home Shopping)。并于2006年又将其剩余的两项业务[巴宝莉(Burberry)和益百利公司],分拆为凭其自身实力生存的独立而健康的核心。释放阿尔戈斯作为一种隐蔽资产的潜力是该转型的关键之一。

大世界百货公司:向新的核心迁移。 大世界百货公司(GUS/Great

Universal Stores)⑯创始于 1900 年。它是曼彻斯特居民亚伯拉罕（Abraham）和乔治·罗斯（George Rose）"脑力创意"（brainchild）的结果。罗斯看见包裹递送在英国比以往任何时候都要更加先进和可靠，于是萌发了开办一项邮购业务——很像美国初出茅庐时的西尔斯－罗巴克公司（Sears, Roebuck and Co.）——的主意。不久之后，这家当时称为"世界百货商店"（Universal Stores）的企业，就成了全英国最大的商品目录零售商。它厚达 440 页的商品目录一年出版两期。"从一个商品目录的页面里，"该公司的发展史记载，"一个客户能够给自己所有的家庭成员选购衣服，并为整个家庭布置和配备用具用品。所有这一切都可从壁炉边一张背静（seclusion）的椅子上做起。"1930 年，该公司改名为"大世界百货公司"（Great Universal Stores），并被作为上市证券列入了伦敦证券交易所。⑰该公司新主席艾萨克·沃尔夫森（Isaac Wolfson）的到来，刚好"看到了一个长期发展的开端"。[7]

"发展"（expansion）一词用来描述该公司的增长，带有典型英国式的轻描淡写的意味。事实上，大世界百货公司很快就成了欧洲最大的零售企业集团。它买下了巴宝莉公司——该公司生产早已成为了英国军队标准装备的、被用在其名扬四海的雨衣上的"全天候布"（weather-proof cloth）（有趣的是，我们可以把巴宝莉公司的复兴，看成是建立在一组隐蔽的资产——例如它已经陷入破败境地的品牌——之上的）。大世界百货公司还购买了南非的连锁商店路易斯集团（Lewis Group），购买了一家历史悠久的家居和家饰商店韦林和吉洛（Waring & Gillow），以及其他一些邮购公司。大世界百货公司最终一共拥有了大约 80 个专业的零售商——它们大多是其业主希望寻找流动资金的家族企业。大世界百货公司通过其分销方面的基础设施和零售业知识来获取附加值。

但是，没有什么能保持到永远，尤其是在零售业。到了 20 世纪 90 年代中期，艾萨克的侄子戴维·沃尔夫森（David Wolfson）接手了主席的位置。大世界百货公司零售和邮购业务的运营同时受到了来自折扣商和消费信贷激增的威胁。不过，它仍然有一个部门——被称为CCN的一个小型信息服务业务——还做得不错。为支持大世界百货公司的邮购业务而从1980年开始运作的CCN，已经为它的信用评级服务找到了外部客户并稳步地增长着。1996年，大世界百货公司并购了益百利公司，并将其与CCN合并，保留了益百利公司的名称。之后的并购与持续的增长，使益百利公司变成了信用评级市场中一家承接重要业务的全球信息解决方案企业。

2000年，CCN的一位创始人约翰·皮斯（John Peace）成了大世界百货公司的首席执行官，并开启了该公司核心业务的转型。他退出了大世界百货公司的许多其他业务，将路易斯集团以及巴宝莉公司的一部分剥离给了股东们。他随后专注于大幅度地改进大世界百货公司的三项核心业务：益百利公司，巴宝莉公司的剩余持有部分，以及新组建的零售部门——包括大世界百货公司家庭购物（GUS Home Shopping）业务，以及作为最近的一桩并购的阿尔戈斯零售连锁商店。在很短的时间里，皮斯及其团队便意识到，昔日的家庭购物模式能够维持的日子不长了。为了专注于发挥阿尔戈斯的全部潜力，他们于2003年将其业务——大世界百货公司整个集团原来的核心——卖了六亿英镑。他们并购了一家处于领先地位的"自己动手做"（DIY）⑱式家庭装修零售商——宏倍斯（Homebase），并将其与阿尔戈斯合并。他们通过投资于扩大互联网销售渠道增加了20亿美元的销售额，并将阿尔戈斯变成了英国三大网络零售商之一。多渠道销售——店铺、互联网以及电话预订店铺取货——给了该公司相对于其竞争对手的一个极大优势。

皮斯这样解释他的想法：

我们认识到，DIY、家居美化和家装市场的总规模达350

亿英镑，并仍然处于很松散的状态。其中超过 50% 的部分是在那些容易受到我们的优势伤害的、低效率的"夫妻店"(mom-and-pop store)手中。所以，随着我们从非核心的资产中退出，我们对这一方面做了进一步的投资。我们用九亿英镑购买了零售商宏倍斯，并在利用我们供应链和店铺物流方面的专门技能去改善它的同时，在适当的情况下，将其与阿尔戈斯整合在了一起。我们还为增加阿尔戈斯的产品线进行了投资——从 5 000 种增加到了今天的超过 17 000 种产品。我们感觉自己之所以能够管理好它，是因为我们拥有管理复杂产品线的供应链专长和能力——这可以追溯到公司在它商品目录核心业务上的传统。

当我们增大了规模，我们开始向中国外包(outsource)自己按用途设计的产品线，例如一个完全适合我们 DIY 客户需要的、低成本的轻型动力钻。借助于来自持续不断的非核心资产剥离(noncore divestitures)的现金，我们已经在所有这些要素之间，建立起了一个良性的循环。2000 年，分析家为阿尔戈斯零售集团作出了一个 20 亿英镑的价值估算；短短五年之后，作为该行业类别里明确的领导者，分析家们将其价值又估算为远远超过 50 亿英镑。[8]

这一战略性重新界定的成果令人印象深刻，不只在于阿尔戈斯的估价。2000 年至 2005 年间，即便《金融时报》100(FTSE 100)[⑲]伦敦股票指数下跌了 30%，大世界百货公司的股价还是上涨了 130%。摩根大通(J. P. Morgan)[⑳]于 2005 年 4 月发表的一篇题为"一个不成样子的部门的价值"(Value in a Wretched Sector)的报告，曾这样承认："业务和转型的表现确实让我们吃惊。大世界百货公司已经不断向我们证明，在它的这一转型中,我们错了。"

那么,大世界百货公司的管理层是如何知道阿尔戈斯的零售业务拥有支持该集团的这一次重新界定的潜力的呢?约翰·皮斯举出了三条实际经验,正好呼应了我们所研究的其他案例里的经理们的观点。"首先一个关键之处,"他说,"是要像一个私人投资者或者风险资本家那样,去思考资产的全部潜力,以形成一个远为积极进取的分析视角,来承担对业务的估价。"例如,许多对阿尔戈斯而言属于核心的产品类别,与众多的"夫妻店"式企业(mom-and-pop operation)在相对分散的市场中竞争。经理们认为,这些店铺会被一个咄咄逼人的竞争对手——它通过从事全球性采购和使用尖端的补给技术,来实现产品线的扩大——在价格上所打败。此外,当该公司观察得更为切近时,它发现,整个市场的规模(350亿英镑[20])要比它曾经想象的大得多。于是,这就是个抱持一种针对可能性或潜在价值的开放心态或思维定势的问题了。而它与过去的增量预算制定过程是大相径庭的。

皮斯所强调的第二条经验是更换关键的管理人员的需要。要配备能够看得到阿尔戈斯的潜力,坚信被扩展了的愿景(vision),并具有追求和实践它的能力的人。第三条要素是一个新的以业绩为基础的薪酬制度。它包括了与增长战略成功挂钩的新的薪资度量标准。这一程序激活了该公司——它腾飞起来了。

大世界百货公司的转型是这样一个案例:从一个不同的角度看待整个业务并发现了比原先认识到的更大的潜力;经过重组后的管理团队对这一潜力随即展开进攻,并带来了引人瞩目的结果。

孤儿产品:从丢失到找回。 被低估了的平台也可能是一条产品线。例如,手锤牌(Arm & Hammer)小苏打已经被从一条相对陈旧的产品线,推陈出新成了切迟杜威公司(Church & Dwight)的利润增长引擎。

领导这一变革任务的首席执行官罗伯特·戴维斯三世（Robert Davies Ⅲ），在这一更新重建的开始时说："我看着那些黄盒子的小苏打对自己说，那盒子里其实起码应该有 10 到 15 种乃至 20 种新产品——它们只需要经过调配、包装就可以了。"9

　　或者，这个平台可能是确确实实地作为核心产品线的副产品的一组活动。例如，从现在起若干年后，我们很有可能会回望德比尔斯公司的历史，并看到第六元素公司（Element Six）所具有的巨大的价值，该公司是围绕着德比尔斯 20 世纪 50 年代对合成工业钻石领域的进入（以及最终占据其技术方面的领导地位）而组成的一个业务单位。在作为宝石的美质之外，钻石还拥有显著的物理特性，例如在已知的所有材料中，它具有最高级的生物惰性（非反应性），最高的抗热冲击性，以及最强的硬度。这些属性可以使合成工业钻石成为一系列产品的上佳替代品——从采矿机械零件，营造激光瞄准器的通路，构成半导体产品的衬底或基片（substrate），到制作最高端音响系统的扬声器罩（dome）。对于这一市场将会如何发展和演变，现在下结论还为时尚早。但是，这就是能一下子显现为未来价值创造重心的一类隐蔽性核心——它可以追溯到德比尔斯公司始于 40 多年前的相关研究。

　　另一种平台或许是遍布于一家公司内的"孤儿产品"，正等待整合以转变其潜力，并创造新的增长。作为世界上最大（拥有 690 亿美元收入）的食品和营养品公司，也是最古老（拥有140年历史）的之一，雀巢公司（Nestlé）提供了一个很好的例证。在 1997 年接任的首席执行官彼得·布拉贝克（Peter Brabeck）的领导下，雀巢公司实现了5.7％的企业内有机增长——若算上并购的话，则是 7％。整个行业的增长率仅是这一增长率的一半左右。作为一个整体，雀巢公司并不是重新界定的候选者。然而，即使最大的企业，也必须定期察看是否需要重新界定其业务中的某些部分，以利用附近尚待开发的利润空间。雀巢公司认识到，这类最大的利润空间的一个，是家庭之外食品和饮料的消费——例如，从自动售货机里，在自助餐厅和一般性餐馆内，甚至在工作中等。

当雀巢公司更加切近地考察自己与这一巨大的市场之间的联系时，它才发现，它已经成了食品服务行业中最大的参与者之一，并以占其整个销售额接近 10％的比重，为这一市场提供着服务：雀巢咖啡通过自动售货机销售；斯托福尔公司（Stouffer）的冷冻食品经袋装销售；还有一系列雀巢品牌产品专供饭店酒楼的专业人士。于是，雀巢公司将这一组与服务相关的业务聚拢在一面旗帜下（under one umbrella），并且通过由一系列的非核心产品和服务组合起来的、一个新的数十亿美元的业务分支，制订了投身食品服务业的统一战略。

查明被低估了的业务平台

当然，谁也不能保证这些类型的隐蔽资产，就一定会在一个特定的企业中存在，也不能保证它们将能为未来的战略提供重要支柱。但无论如何，世界上到处都是这类企业的例子——它们没有充分重视它们的隐蔽资产，等意识到了这一点为时已晚。一个经典的例子就是，施乐帕克公司（Xerox PARC）[22]于 20 世纪 80 年代的一连串产品开发。这些产品包括最终占据了大部分的利润空间（从打印机的领导者惠普等竞争对手的手里），以及摧毁了传统的静电印刷术及用于小型打印机的许多关键性技术。[10]据一项研究计算，从施乐未能予以充分评估和重视的技术，以及小型业务中孵化出来的众多企业市值，现在已远远地超过了它们的前母公司的市值。

贝恩公司的调查常规地显示，三分之二的高级管理人员并不认为他们的企业组织是在以与其主要核心的全部潜力相接近的力度运营。如果这一调查结果成立的话，那么，在二级业务、支持性功能以及邻接业务集群等方面的情形，就一定更是如此。很多时候，企业更多是为了发挥它们短期的增长潜力才进入了这些位置或领域,而不是出于对长期战略价值的考虑。但是,随着时间的推移,价值也在发生变化。有些时候,这些隐蔽资产是转换性的,是一个新战略的核心。但也有的时候,尽管它们是能够强化核心,并为一个结构性解决方案赢得时间的机会,却被企业所完全忽略或遗弃。

查明被低估了的业务平台

我们的案例分析以及对贝恩公司案例库的回顾,凸显了可能的隐蔽资产的六个系列指标或预报性因素:

- **对核心客户的重要性。**你可能被来自于客户的要求拉向一个业务或邻接业务地带,就像 IBM 全球服务(IBM Global Services)一样。这一案例证明了客户的需求是潜在价值的一个预报因素。

- **能实现赢利性增长的不寻常能力,尽管不被注意。**通用电气资本公司(GE Capital)就是个最典型的例子。这方面的经验教训在于:梳理你的业务组合,以找寻尚未受到集中关注的领域内的零星赢利性增长,并且问问为什么会如此。

- **在一个大的、增长着的利润空间中的成功。**对此的辨识比较棘手。因为,它需要一定的外部利润空间和商业业务边界的知识。不过能肯定的是,iPod 的案例故事属于这一类。

- **强健的领导地位(不管多么小)。**这无疑正是为托尼·怀特和他的团队所认识到的、珀金埃尔默公司的生命科学产品的情况。

- **显示了世界一流的卓越性的能力。**这正是德比尔斯公司的独立部门第六元素公司（Element Six）内的情形——
运用该公司的世界一流水平的合成工业用钻石知识，作
为一个繁衍和培育一系列新业务的平台。

● **有可能形成一个新业务的核心的、横跨若干个业务单位
的松散而相似的活动。** 崔巢公司在其食品服务（餐饮服
务、自助餐厅等）和营养保健（健康食品、医学合成营养
品）方面，正是这样做的：创建了数十亿美元规模的两个
新的核心业务——不仅是赢利的、不断增长着的，而且拥
有强大的竞争地位。

很少有隐蔽资产能满足这些要求，而显露出来的被低估了的资产也
可能只拥有有限的潜力。不过，发现如下这一点也是可能的：战略重新
界定的答案，恰恰一直摆在你面前。

利用隐蔽资产

隐蔽资产宝库的发现本身并没有解决本书以之开篇的问题：当你的
成功模式接近其极限时，如何找到并实施恰当的新战略。然而，在你对
未尽其用的资产获得了更多更深入了解的同时，你实际上得到了一个
"工具包"（toolkit），并同时获得了对能扩大切实可行的战略选择范围的
新颖主意的接触机会。即使部分的成功也可能为企业提供一些方式或
途径，以延缓迫在眉睫的增长鸿沟的发生或者将其缩小，并赢得探索新
战略选择的时间。

正在进入一个质疑、反省与战略性自我评估期的管理团队，应该多
问问以下的问题：

- 什么是我的隐蔽资产(非核心业务、支持性功能或者邻接地带)?
- 它们与当前核心的联系是什么? 它们有多重要?
- 对这些资产全部的独立自足的潜力,我真的了解吗?
- 已知的能够更好地利用这些资产的战略选择是什么?
- 还有什么其他因素是这些新选择所需要的? 我们将从哪儿得到它们?

在本书接下来的第四章里,我们将转向这三类隐蔽资产的第二种:那些来自于大多数企业多年来所营造的复杂客户关系网络的隐蔽资产。

第四章　有待开发的
客户管理方法

客户是商业业务中最根本的一个词汇。没有客户便没有业务，也便没有了它存在的必要。你停止了解你的客户，意味着你也停止了解自己的业务。重新界定处于你业务模式核心的基本客户关系，就等同于改换你的经济原则或逻辑核心。但这有时又是必须做的。本书中有关战略性重新界定或更新重建的、更深入的 25 个案例研究的其中九个——或者说将近五分之二——需要移动到下一代的客户模式上来。

在我们的"增长调查"（Growth Survey）中，65％的主管人员表示，为维持企业的增长，他们将不得不改变他们的客户模式。当我们向他们问及什么是他们能添加到业务中去以引发新一波增长的最重要的能力时，他们把"有助于更深入地了解我们的核心客户的能力"，摆在了列表的首位。那一批主管人员的 74％都说道，他们与客户相关的数据资料比以往任何时候都过时得更快。这意味着未来他们有可能无法更好地了解他们的客户。

对这一点的一个引人注目的量度，来自于我们就客户和供应商的看法之间的差距所做的研究工作。我们曾向一个大样本的经理人这样询问过：他们认为自己在通过核心产品为客户提供服务时，与别人的差异化(在产品或者产品交付的质量上)程度怎样？80％的人回应说"差异化程度很大"。相比之下，一个其客户的类似样本却显示，只有约 8％的人认为，供应商之间存在高度的差异化。

这种认知的差距表明：企业有可能对也许正在侵蚀它们的"客户专营权"(customer franchise)的情势或环境，反应得太过迟钝了；又或许，它们可能对于需要重新审视其客户模式的基本面这一点，意识得太晚了。这项研究，表明了对你应如何服务于你的客户进行重新界定的至关重要性。

在咨询工作中，我们注意到，企业在与客户相关的知识和认知的水平上差异极大——从最落伍的到最敏锐的(后者是利用互联网实时接收的)都有。获取直接、迅速、高质量的客户反馈的能力是真正的竞争优势之一——在某些行业中，或许是最终极的优势。

针对我最近所参加的一系列商业研讨会的与会者，我们的团队组织了一个网上在线调查。所有的参与者都来自于比较强的乃至领先的企业。然而，针对"你是否同意如下的说法：我们了解我们的客户？"这一问题能够予以肯定回答的平均比率只有不到 25％。这个数据说明了一切。

我们最近考察了由贝恩公司为我们全球的委托客户所作的 105 项有关战略方向转变的研究成果。在其中一半的案例里，我们的团队报告说，答案在于从根本上改变客户模式的一个关键因素，乃至核心客户的选择。

本章考察了处于战略性更新重建案例中心的三种隐蔽的客户资产。第一种是被低估了的细分客户群(undervalued customer segment)。由于未能着眼于以正确的方式将客户予以聚集或分解，你曾经忽视了你所拥有的这样一种潜在的竞争优势。当你意识到这一点时，你便能发现这些客户。

第二种隐蔽的客户资产是相对于某一个特定客户群的、尚待开发利用的影响力地位。通常,你之所以赢得这样一个地位,是因为你能够享受客户的信任。在本书中最先出现的德比尔斯公司的例子就明确说明了这类有待发掘的资产。第三种类型的隐蔽资产是,那些能够用来改变、深化或者拓宽与客户之间关系的专有数据资料或信息(proprietary data or information)。

哈曼国际公司(Harman International)非凡的转型,说明了一个新发现的细分客户群的力量。这家高端的音响器材公司以一种引人注目的方式更新重塑了自己:通过专注于一个特定的细分客户群[汽车原始设备制造商(OEM)],以及将哈曼的优质音响品牌诸如哈曼卡顿(Harman/Kardon)、JBL、马克莱文森(Mark Levinson)和燕飞利仕(Infinity)①等,同一种新型产品——信息娱乐系统(infotainment systems)的发明联系在一起。发生于客户战略中的这种变革,导致了 10 年的赢利增长。它引领哈曼从战略性的停滞和迫在眉睫的危机转向了将近 40 倍的市值增长。

哈曼国际公司的转型

由西德尼·哈曼(Sidney Harman)和伯纳德·卡顿(Bernard Kardon)创建于 1953 年,最初从事把放大器和调谐器组装成一个被称为接收器的单独组件或装置工作的哈曼国际(那时以哈曼卡顿知名),长期占据着高品质音响器材市场中最首要的地位。在它整个闻名遐迩的传奇历史中,哈曼的设备处理了许多权威性的音乐录音事件的音响信号。的确,它的 JBL 音箱系列曾是富有传奇色彩的 1969 年"伍德斯托克音乐节"(Woodstock music festival)上所使用的音响系统;而该公司的专业音响部门,目前已经在世界各地顶级的音乐厅里拥有领先的市场份额。哈曼国际公司把自己称为一家"听众企业"(company of listeners)——一如它最近的变形或调整(metamorphosis)所暗示的,这可能既与现场音乐家们(live musician)有关,也与市场的"鼓声"(drumbeat)有关。

然而到了1993年,哈曼国际已经失去了它的增长节奏。尽管它有六亿美元的收入,但是不仅它的利润徘徊于接近零的水平,而且其市值也仅有1.32亿美元。此前已经离开公司去担任美国商务部副部长(Deputy Secretary of Commerce)的西德尼·哈曼,作为首席执行官归队,希望重振该公司。哈曼国际很快着手于一种新的做法,开始依赖一个过去没有被充分开发的长期的平台——公司作为一个面向汽车原始设备制造商(OEM)细分市场的音响器材供应商的地位。哈曼国际公司处于最差状态的1992年,汽车原始设备制造商细分市场的业务仅占公司的不到10%,其赢利占比更低。如今,这项从前没有被开发的资产,已经成为企业增长和赢利的引擎:收入占该公司的75%,利润占比超过90%,并且在那一时期里,实现了将近100%的赢利性增长。

哈曼国际悠久的历史是围绕着它的三个细分市场——个人消费类、专业职业类和汽车类——循环的一个历史。其中不同的细分市场连续数十年占据着中心舞台。今天,主要基于它向汽车市场销售其系统的成功,哈曼的市值12年内已经增长了40倍;收入已经攀升了五倍(达到32亿美元);税前利润已上涨至3.91亿美元,并实现了23%的股本回报率(return on equity)。这种名家般的风范和表现(virtuoso performance)无疑十分出色,尤其是对于在一个充满巨头的产业中竞争的小公司来说。在这个产业里,所有的竞争对手都在竞争最激烈的两个市场——个人消费类电子产品和汽车的OEM供应——的交会处激烈地竞争。

哈曼国际最强势的资产一直是它作为最高品质音响系统制造商的地位。这一地位是通过它自己的技术,通过一路走来所积聚的一系列小型专门化的音响发烧友企业（specialized audiophile companies）而获得的。在它 20 世纪 90 年代初的最低潮期,哈曼国际的隐蔽资产是它在汽车类市场上的地位。1995 年,公司购买了一家名叫贝克尔（Becker）的德国企业——它于 1948 年制造了第一台汽车收音设备"贝克尔汽车收音机"（Becker Autophon）[②];并在 1996 年,推出了第一个全数字光纤汽车收音机。然而,贝克尔尽管拥有如此辉煌的历史,但在哈曼国际公司并购它的时候,却正由于日本制造商的竞争而处于艰难的亏损状态。西德尼·哈曼描述了所发生的事情:

> 我们差不多 20 年前进入 OEM 业务。是从我们就福特公司应该遵从杰克·伊比（Jack Eby）（福特公司一位有地位、有创意且异乎寻常地果敢的汽车业主管）的直觉这一点,对他们进行说服开始的。伊比的直觉是提供一种真正高品质的音乐播放系统,作为车内的一个配置选项。他相信,这将会吸引相当大的一批顾客。那些顾客,我们一致认为,会是把越来越多的时间,花在车上的音乐爱好者。并且,他们已经开始把汽车当成了某种类似"庇护所"的地方。在福特公司通过我们的 JBL 品牌体系取得成功之后,作为理性的商业人,我们又把这一成功推销给了其他汽车制造商。

> 10 年前,我们又在德国并购了一度赫赫有名的贝克尔收音机公司。半个世纪以来,这家公司一直是梅赛德斯-奔驰（Mercedes-Benz）唯一的收音机制造商。当拥有一个大的赞助商时,即便是缺乏严格的控制和成本意识,对于贝克尔来说也是没有问题的。但是,当日本汽车制造商开始取得进步的时候,梅赛德斯醒悟到一个事实,那就是,它需要运作得更加专业化,并且,它这样做了。不幸的是,贝克尔没能步其后尘随之作

出调整。于是，自身陷入了可怕的混乱。

我们经过了在将近十几家企业之间所展开的竞争之后收购了贝克尔。我确信，针对贝克尔困境的深重或未来可能出现的机遇，我们没有任何一家拿得出一项严谨的应急补救措施。可能我们每一家都只是在积极地盼望着："一定有一匹小马在那个马厩里。"(There must be a pony in that barn)③

在并购后不久，我访问了德国的贝克尔工厂——是作为"头儿"(the old man)，为喷洒"圣水"所进行的一次例行的初访……在那儿，三个非常有创意的（我当时怀疑略微有些胆大妄为的）工程师，为我安排了一场展示。在一张巨大的桌子上，他们摆放了一堆盒子，代表了要在汽车里，提供一系列功能（音乐、视频、声控电话、互联网接入、导航、气候控制，等等）所必需的模拟式(analog)硬件。在这堆模拟的硬件盒子顶端，他们放上了把所有这些玩意儿互联在一起所需要的导线和配线。这真是让人眼花缭乱、措手不及——要把所有这一切安装在一辆车上，明显是不切实际的。它意味着太沉的重量，太高的成本和太多的"不动产"(real estate)。而在一个小书桌大小的另外一张桌子上，他们也已摆放上了代表着同样系统的一个数字化(digital)盒子。在那个组合体的顶部，他们也放上了看起来像一截单股绝缘套管的东西。它实际上是代替了所有那些导线和配线的光学总线。此时，如果谁还没有从中看到未来的指向，那么一定是白痴。

这次展示导致我们承诺负担建立这样一种重大的软件——数字化研发资源所必需的财力。这一战略使得本公司在已被定义为"汽车信息娱乐系统"(the automotive infotainment system)——实质上也就是汽车的中枢神经系统——的设计和制造上,发挥了主导作用。今天,我们已成为像梅赛德斯(Merce-des)、宝马(BMW)、保时捷(Porsche)、奥迪(Audi)、克莱斯勒(Chrysler)和现代(Hyundai)这样的企业的主要供应商。[1]

沿着这一发展方向,哈曼国际为自己添加了更多的能力,以便在对信息娱乐系统这一新的产品门类领导地位的竞争中,保持领先优势。本质上说,哈曼公司是依靠其深厚的音响工程根基,它在 OEM 销售上的滩头阵地,以及在其对贝克尔公司的并购中所获取的额外的、真正隐蔽的资产(所谓隐蔽是就其全部的潜力而言),才创立了这个门类。

那么,哈曼国际在竞争激烈得尽人皆知的消费电子业里是如何凭借向同样竞争激烈的汽车供应商推销其产品的一项战略,成功地成为了一个较小的从业者的呢?答案在于各种状况的结合。其中首要因素是该公司已经认识到了的一套独一无二的隐蔽资产(贝克尔的独特地位和高端品牌魅力),以及在开发最高品质的产品方面,运用来自于消费者和专业人员(摄影棚或影音室)业务知识的能力。

第二个因素是哈曼国际依赖自己的实力,首先谋求市场的最高售价(top of the market)的决断。正如哈曼国际所描述的:

> 一个被"吨位"(tonnage)或规模所迷住或役使的行业,是一个误导的行业。我们决定专注于那些能投实际消费需求所好的高品质产品,并致力于使其尽可能简单。比起汽车的其他部分,汽车 OEM 企业有时能在音响系统上赚取更多的利润。而这其中的一部分,来自于对我们所代表的、最好的高保真系统的消费者背书或认可(consumer endorsement)所给予的红利或补贴(premium)。这些系统被打上了品牌标记。我曾经买过一辆宝马车。当时发现除了方向盘上有一个漂亮的宝马标识之外,车内别的地方有九处哈曼卡顿(Harman/Kardon)

的标识。我喜欢这一比例。我们必须坚守这样的信念：我们将

致力于利润，而不是吨位。

第三个因素是哈曼国际在技术进步及创新能力方面的好运气。通过对车用电子信息能力与独特的客户信任度及品牌获取度（另一项隐蔽资产）的会聚倾向的认识，哈曼具备极好的条件，把这些新的服务整合进它的音响系统中，包括随着时间的推移而出现的其他设备，例如手机、视频和导航系统等。

本章通过处理以下几个问题考察了隐蔽的客户资产能被用来重塑一项战略的方式：隐蔽资产有哪些主要形式，它们如何成为更新重建的关键？辨别隐蔽资产，以及认清它们能够赋予能力的选项范围的最好方法都有哪些？就我们的研究而言，当你改变客户模式时，有哪一些陷阱和实际的考虑？

尚待开发的细分客户群

一个典型的基本客户群（customer base）通常包括数千乃至数万的客户——企业、消费者以及分销商。能够用来考察随着时间推移而累积起来的、复杂的基本客户群的方式也近乎数不胜数。然而，花些时间去弄清楚那些最好地解释了购买行为和基本需要的潜在原因的模式，还是非常值得的。在某些情形下，这种研究能够揭示出目前正迷失在商业的雾霭里的、拥有强大实力或潜力的细分客户群——企业能够赖以建构一个连贯协调的战略。

你用来观察世界的"透镜"必然会影响一切，包括如何分析你的客户。而改变这些"透镜"能够改变你对所有这一切的感觉和意识——什么是可能的、你面临的限制是什么、周围的威胁有哪些，甚至什么是你的

核心。在塑造行动和未来方面,你对于现实的看法往往和现实本身一样重要。当这些心理或心象地图(mental map)④发生了变化,世界对于你来说将不再是一样的了。

安东·范·列文虎克(Anton van Leeuwenhoek)开发了一套容许人们用一种新的方式看世界的透镜——世界上第一台显微镜。列文虎克生长在荷兰的代尔夫特(Delft),是一个篮子制造商的儿子。终其90年的一生,他仅离开过他的家乡两次,而且也只是很短暂的。然而,正是他的发明,打开了一片未知的领域——其意义或影响与哥伦布(Columbus)和麦哲伦(Magellan)耗资巨大的航海大发现或是伽利略(Galileo)的天文观测一样广大和深远。1674年,列文虎克检测了一滴湖水,并发现了"很多微小动物"(very many small animalcules)。他制造了一个只装有一滴这种水的超薄的玻璃管,并把它置于一个有30个刻度的银质弹簧装置上,以便他能够使用他的新仪器去观察那滴水的极微小的部分。他制作了由到他的工作室来访问的人签过名的书面证明书,证明他在一滴水的三十分之一里曾看到了成千上万活的微生物。[2]列文虎克的透镜重新界定了许多领域——从微生物学到植物学和晶体学——的分野。

独到的见解是一个企业成功地重新界定的先导。在寻求以不同的思路去考察一个既定的基本客户群,以查找客户的行为模式以及集聚(aggregate)或分解(disaggregate)客户的新方式这一点上尤其如此。那么,什么是你应该明确地寻找的?我们的案例突出了能成为一个新战略的支点的三类隐蔽的细分客户群:

● 新兴的细分客户群,拥有极具吸引力的利润空间特征

● 其潜力和竞争地位已经被遗忘了的、历史性的核心细分客户群

● 能被逐个辨识的、狭窄的、垂直化的专属或缝隙市场,通

常具有一个能在未来推进战略和竞争优势的可重复程式

哈曼国际就是基于一个新的细分客户群——在此案例里是高端的信息娱乐系统的消费者——进行企业重新界定的例子。下一个例子，欧特克公司（Autodesk）则展示了其他类型的隐蔽细分客户群。

欧特克：重新发现细分客户群

欧特克公司的历史就像坐过山车：上去（上升），下来（下降），然后再重新来过（更新重建）。每一步都是被一种不同的客户细分（customer segmentation）塑造出来的。

欧特克公司 1982 年诞生于加利福尼亚州的马林县（Marin County, California）。这家以个人电脑（PC）为重心的软件类新创企业（start-up），只有 16 名员工。它的创始人是约翰·沃克（John Walker）。他在当年 1 月 19 日致员工的第一封公开信里，就展示出了对于未来的一种精确得不可思议的远见：

> 我们正在进入一个以难以置信的速度扩展着的市场。不妨漫步于旧金山闹市区任何一幢办公楼，看看有多少桌子上摆放着电脑：大约不到 1％。而在今后五年左右的时间内，80％～100％的桌子上将会放上电脑。那些电脑将运行着目前还没有被编写出来的程序。在不到六个星期之内，已有超过 10 万台 IBM 的个人电脑被售出。但目前能为那些机器服务的应用软件，却很少或完全没有……而在未来的五年里，它们又将会出售多少电脑呢？……3

尽管有这样的先见之明，但最终引发和保障了该公司未来 25 年的增长和成功的产品——建筑师和工程师专用电脑辅助设计（CAD）⑤软件——却是后来思考出来的产物,一个附属于该公司最初提供的一套产品的次要产品理念。

四年之后,沃克这样回应美国西海岸的听众:

> 1982年,我的公司开始出售一款可以在个人电脑(PC)上运行的电脑辅助绘图和设计程序。而由那些我们所能联系到的、与我们商谈的风险投资家和分析师们所代表的"传统智慧"(conventional wisdom)却认为:
>
> 1. 你不可能在个人电脑上做CAD。
> 2. 即便你能,也不会有任何正儿八经的用户会去买它。
> 3. 电脑经销商卖不了CAD系统。
>
> 可是,我们当时并没有任何别的事情可做。所以,我们只好继续尝试。迄今为止(1986年),我们已经售出了超过40 000套个人电脑(PC)专用CAD软件。要客观地对这一数字加以表述的话,它大约相当于最普遍使用的主机CAD系统工作站数量的两倍。[4]

在第一个10年里,欧特克成长为全球第五大软件公司。在其首次公开募股(IPO)股票价格涨了10倍之后,它成了二维电脑辅助设计(2-D CAD)的同义语。10年间,业界将欧特克的AutoCAD软件称为最佳产品,证明了1985年曾把该公司称为"可能飞不起来的高科技股"(a high-tech issue that may not fly)的一篇《商业周刊》(*Business Week*)文章的错误。[5]由于一个证明了不可知的业务究竟能够达到什么状态的发展结果,1986年和1987年,《商业周刊》将欧特克作为"年度热点增长企业"进行了重点报道。[6]

然而,在20世纪90年代末的网络泡沫时期,欧特克如同许多其他企业一样,也作过一些错误的决策。它放弃了自己一贯的战略——即追求满足其工程设计客户需求的深度技术性应用软件,并通过间接渠道(经销商和零售商)进行销售。作为替代,该公司开始拓宽其对新的服务形式和新的直销渠道的介入范围,致力于成为一家互联网公司。首席执行官卡尔·巴斯(Carl Bass)对此解释说:

> 公司过去奉行了一个"万福马利亚"(Hail Mary)式战略⑥,尝试了很多新的、不同的业务。常常是把业务分析和(已经过验证的)做法抛到了九霄云外。我们告诉早年曾帮助我们创建公司的间接渠道合作伙伴们,我们准备把40%的业务转向一个直接渠道,另外再将20%放到网络上,并将我们正在通过它们所做的业务的80%取消。我们抱着成为某一类互联网公司的愿望,开始从我们的核心渐行渐远。我们降低了自己在设计工具上的专注,开始进入越来越多的航线,它们使我们离自己的实力和强项越来越远。结果,我们的收入甚至一度有所下降,跌回到了10亿美元以下。这些都是发生在一个我们称之为"生命周期管理"(life cycle management)的伞形战略(umbrella strategy)之下的。
>
> 我们的一个竞争对手已经建立起了一项11亿美元的CDA业务的参数技术公司(Parametric Technology),也追随了一条相似的路径。今天(2005年)那个公司的收入已经跌到了七亿美元。[7]

欧特克不得不进行变革。它是通过取决于几种隐蔽的客户资产的、一系列新的战略举措展开的这一变革。首先,该公司断定间接渠道是一种没有被充分意识到的隐蔽资产。因此,该公司大张旗鼓立即采用了这一方法。欧特克开始重新对它的2 000个渠道合作伙伴进行投资。正如巴斯所说:"我们停止了与它们的竞争。我们把它们当成自己的销售队伍来对待,并投资于对它们的基本训练。我们对它们去芜存菁,直到留下那些最好的,并与这些小的'夫妻店'(mom-and-pop business)并肩投资。"

第二,管理团队将它的专注重心转移到了应用工程师(applications engineer)专门市场中的、深而窄的垂直细分客户群。这一新的战略采用深钻而非广挖的方法——一个重大的方向性改变。

第三,欧特克团队意识到,它拥有一种以丰富的三维技术为形式的隐蔽资产。通过再投资,它可以利用这项技术去为它的每一个目标客户群生产建模与仿真软件。

第四,欧特克改革了它的管理团队以实施新的发展战略。如今,顶级的 50 个经理中,只有 25% 依然在位。

最后,欧特克把软件的升级、从二维到三维的迁移套餐以及附加项,均改为订购模式。

每一个这样的行动都是软件业务收入模式的一个关键的整合成分。为了获得成功,欧特克采取了可见于并行软件业务中的方法,而且它们也奏效了。

自从实施了新的战略——在核心内从前没有被充分利用的资产之上,进行重建,该公司已刷新了它的业绩与表现。曾于 2002 年跌至每股六美元的股票价格,四年后增长了六倍,到了 36 美元一股。收入增长了 16%,是企业软件产业(enterprise software industry)平均收入的两倍以上;在下降至不到 10 亿美元数年之后,现在已经达至 15 亿美元。利润率已攀升到了 24%,且正在持续增长,促使股本回报率达到了非凡的 46%。这家公司——其三维软件曾被用来制作电影《金刚》里面的"金刚"(King Kong)模型,运用它重新界定过了的战略的力量,再一次在其行业内肆意地"攻城略地"(marauding through its industry)。

在我们的研究当中,那些推动欧特克去重新界定其战略的各种市场或客户细分(segmentation)方面的识见,已经证明了是这样的透镜:反复地揭示了在表面的"照常营业"(business as usual)之下的机会。一个分销商的客户细分尝试显示,它的核心客户相当于一批做出了大量无计划采购的企业——充其量是一个无法预测的增长平台。于是,该分销商采取了一系列措施帮助这些行事没有定规的客户进行存货管理,从而理顺(smooth out)了它们的需求。与此同时,该分销商还改变了它的战略,以找到一个用以服务那些需求可预测的客户的途径或方式。

再来看看另一个实例:一家出售医院用品的公司,在重病特别护理部门拥有较高的市场份额。该公司发现,销售最重要的决定因素,不是医院里的重症特护水平,而是病人属性的微妙组合。于是,公司对患者群作了细分,并启动了以临床特征的市场微分(microsegment)为基础的经营战略。

在第三个例子里,一家宠物用品零售商发现,最具赢利性的潜在客户是那些拥有导致他们购买大量宠物服务(梳洗美容、居住、医疗)的特定类型的宠物和生活状态的人。该公司据此对宠物主人和宠物群体进行了细分,并建立了把企业的重心从单纯的宠物用品向更广泛的宠物产品和服务转移的战略。在这个过程中,该公司从在一个真正"狗咬狗"或"人吃人"(dog-eat-dog)的商品世界里残酷竞争,转为了向以前处于隐蔽状态下的细分客户群,提供独特的、具有更好赢利潜力的产品与服务——堪称从两个方面取得的一个胜利(a win on two counts)。

当管理者重新界定他们将如何服务于某一类型的客户时,一个具有赢利性的细分客户群便可能脱颖而出——就像上面那个宠物公司的情形。但是,它也会涉及寻找新的方式,去将现存的细分客户群分解为微细分客户群,乃至围绕着同一类产品或服务的各种细分客户群(seg-ments of one)⑦。在本书的其他地方,我曾提及过耐克公司在它的某些市场里所展示的这样一种能力:即通过创造出比以往任何时候都更具针对性和更为细分的产品,去改变"客户游戏"的规则。其中一个是若干年前,该公司成功打入欧洲足球市场的壮举:仅仅几年之后,它就在阿迪达斯(Adidas)的核心体育市场上,追赶上了这家德国公司。它的一种技术将足球精致地细分为适用于各种地表和天气条件(泥地、硬地、绿草地乃至夜间条件)的各式足球,以及将球鞋精致地细分为适合于球员的场上位置和踢球风格的各类球鞋。

一个甚至更为极端的分解(disaggregation)形式,被一些互联网公司予以实践。例如,亚马逊(Amazon.com)书店通过其软件,使客户的网页能体现其以前选择过的兴趣爱好和购买模式,从而更有效地推荐产品或观念、想法。其他的公司或许发现,它们那些能很容易和很充分地通过互联网搜集到的客户的数据资料,如今蕴涵有能够指明改善其销售模式的方法或途径的识见。所有这些案例,连同许许多多我们的团队已经鉴定过的其他案例都表明,那些关于未经识别的细分客户群及其经济特征的新识见,是如何带来企业重新界定过的战略和改善了的绩效或表现。

无视细分客户群的后果

不能或无法理解市场或客户细分其实是无法理解客户的一种表现。它可能只是未加注意地忽略了一个被错过的机会,但也可能付出高昂的代价。

如果竞争对手识别出了能够被差别很大的战略所攻占的不同细分客户群,而你的公司却没有,那么你将容易受制于竞争对手的"钳形攻势"(pincer movement)[8]。它们能够用更集中、更有针对性的产品,将你的客户逐一"摘"走(pick off)。一个成功的例子是全球性银行荷兰国际集团(ING)[9]。它推出了一项直接面向客户的、以互联网为基础的低成本业务,称为"ING 直接银行"(ING Direct)[10]。这项高度集中以那些精通网络习惯于"自给自足"的客户为目标的服务,帮助该银行从那些尚未看到这个新兴细分市场或客户群的竞争对手那里,快速地赢得了市场份额。

不能辨识出市场或客户细分,即使是在没有竞争的情形下,也是一种无效率的表现。它意味着,你在过度服务于某些细分客户群的同时,对其他一些细分客户群又明显地服务得不够——浪费了那些本可以更好地加以利用的资源。这是一个竞争对手可以加以利用的搭配失调。

错误的市场或客户细分意味着你可能并不了解你的市场地位。欧特克公司的停滞不前(stall-out)可以部分地归因于,它没有看到在一般的建筑师和设计工程师之外垂直应用领域的细分客户群的力量。"基于垂直的市场或客户细分的潜力,"首席执行官卡尔·巴斯说,"公司能够在规模上翻一倍,达到 30 亿美元。"

最后,对细分客户群视而不见,意味着你可能并不了解你的利润空间——或从哪儿你真正可以赚到钱。以萨尔瓦多(El Salvador)为基地的中美洲航空公司(TACA)的时来运转,始于该承运商认识到,它在帮助一种特定类型的客户——那些为探亲访友而来回奔波,甚至死后希望遗体遗物归返自己故乡的中美洲土著们——方面,拥有强大的赢利优势。无论是出于情感因素,还是出于经济上的考虑,这些客户都指望中美洲航空公司,来提供这项极其重要的服务。而中美洲航空公司也极其小心地重新专注于提供这一服务。

那些具有真正的战略含义或影响的隐蔽的细分客户群,可能就存在于你的业务或生意中。那么,与此相关的一些信号或迹象会是什么呢?我的经验和我们的研究揭示了一些明确的指标。第一个指标出现于当你的业务里有关客户忠诚度(customer loyalty)的关键量度在不同的客户之间变化很大,而你还不知道为什么时。其中一个这样的指标是客户"净推介分数"(Net Promoter Score),即会将你的产品和服务热情地推荐给朋友们的客户的百分比,减去其他客户的百分比的值。在本书第二章已经讨论过的这一标准或尺度,已经获得了增速很快的一批"拥趸"或追随者。[8] 这表明,存在着你并不了解其基本习性的客户群。

另一个指标是发生于既有的历史性的基本客户群内的原因不明的市场份额损失。它表明有某一个独特的细分客户群突然之间被冷落了(或在别处得到了更好的服务)。第三个指标出现于当你或你最大的竞争对手长时间没有对细分客户群战略予以调整或改变的情形下。在一个动态的产业中,如果真的是如此,也许就意味着你既不了解你的客户,也不了解其赢利性。这构成了一个重新调整方向或重心的大机会。

被低估的客户影响力和接触渠道

德比尔斯公司的例子说明了,一家"百年老店"式企业(century-old company)如何能够通过对其基本客户群抱持不同的观点来转变它的战略。作为一项毫无疑问的灿烂辉煌的业绩,德比尔斯在两年之内,便使它的钻石业务的价值从 10 亿美元上升到了 90 多亿美元。如果深究下去,你不可避免地会推断出:潜存于德比尔斯的变革能力之下的是其客户的信任,该公司的品牌影响力,它与最高质量的天然钻石的关联,以及它所具备的对其分销商非比寻常的熟悉程度。所有这些因素构成了一种未充分利用的资产,它给予了德比尔斯比它以前所意识到的更多的接触渠道和影响力。

从有关战略的重新界定的所有案例研究当中,我们看到了这一形态的各种变体或不同版本:多年来,一家企业已积累起了很深层次的有关客户的接触渠道与知识——对此它并没有充分加以利用,这不免有损客户以及供应商的利益。海波龙解决方案公司(Hyperion Solutions)的案例,说明了这样一种隐蔽的力量和影响力的战略潜力。

海波龙解决方案:一个与被低估的影响力相关的案例

2001 年夏天,海波龙解决方案公司的经理们紧张而忧虑地坐在旧金山费尔蒙特酒店(The Fairmont San Francisco)的一间会议室里,象征性地仅仅吃着面包、喝着水。背景里播放着的晚餐音乐,低沉而忧郁:是艾顿庄(Elton John)⑪的"一个朋友的葬礼"(Funeral for a Friend)。该公司在其核心的财务整合软件产品上,曾经拥有《财富》100强企业50%以上的渗透率,然而现在却陷入了困境。管理层正在酝酿和确认重振该公司曾一度享有的赢利性增长的决心。

曾经高速发展的这家企业突然陷入了停顿不前的状态:它的增长轨迹是很曲折的;它2001年的赢利是负数;在收入仅有5.28亿美元的情况下,其市值已经跌落到大约五亿美元,经营情形也是一团糟,并由于一场并不顺利的整合而变得愈加恶化。公司的首席执行官杰夫·罗德克(Jeff Rodek)说:"合并之后,大量的员工去职或流失开始发生。公司虽然还没有破产的危险,但绝对处于沦为无足轻重或无关紧要者的危险之中了。"9海波龙还意识到,一个没有重心的战略使其运营方面的问题更为复杂化。

在随后的日月里,罗德克和他的团队对该公司及其战略作了全面彻底的改革。他们首先全神贯注于稳定基本的业务。他们淘汰了有问题的产品线,精简了设施,商定了界定企业进展的四个度量标准,并立即专注于改进基本准则[例如减少应收款(receivable)的待清偿天数,那时已经激增至106天了]的执行质量。

他们面临的更大的战略问题十分严峻。问题之一:企业绩效管理(BPM)软件作为该公司的旗舰产品,其背后的客户—服务器架构和"扩展的试算表数据库"(Essbase)⑫联机分析处理(OLAP)技术,足以应付未来的需要吗?答案是不能。海波龙的客户进入企业绩效管理(BPM)系统,都是通过查询相关数据库(relational database)。罗德克这样谈及当时情况:"我们发现,世界不是一个立方体,而是圆的。在周围建立相关数据库的需要,对我们而言实质上是一项虔诚认真的转变。"问题之二：在完成了经营修正之后，公司是否就至少具备了该有的能力了呢？答案是没有。海波龙需要在数据查询与商业情报方面具备精深的、高度专业化的能力，以便重建其应用软件业务并保持竞争力。问题之三：该公司是按照以客户未来想要购买的方式来销售的原则建立起来的吗？答案是并非如此。客户一般是先买数据资料软件，之后是报告软件，之后是客户应用和包装程序，最后是集成套件。问题一个接着一个质疑着公司战略的每一个构成要素。

市场上的大量投入已转向购买作为一种套件的软件以及厂商合并（vender consolidation），其中没有一样是海波龙公司准备好了的。此外，最具吸引力的销售方式是间接的：由系统集成商组装在一起的软件包。这些公司将海波龙的产品带入了最大宗的交易里，并致力于使它们的解决方案适应那些重要的专属或缝隙市场的需要。在软件和技术企业之间，这些由合作伙伴所构成的广泛的生态系统正变得越来越重要。海波龙不得不修正它在销售方面的优先次序，以成为这一进程更全面的参与者。处理这些问题需要在基本模式上作进一步的变革：改变软件平台和体系架构；改变针对客户的销售主张；改变内部能力。

但海波龙还是完成了它的使命。随着企业专注于基本准则的执行实施，团队的改组整顿，沟通交流方面的结构调整，以及基于四项关键的度量标准的奖励举措，其业务经营稳定了下来。它的领导层还制定了一种新的战略，为的是积聚一整套财务和整合产品，培养记录和分析相关数据库的能力，并根据客户的需要，重整销售和服务模式。

回过头来看，我们可以看到这样一种隐蔽资产，它在该公司促使新的战略发挥作用并持续下去的努力中起到关键的作用。这就是一种特有的客户特许专营（customer franchise）——企业的财务部门——实力。对海波龙的财务整合和"证交会"（SEC）[13]申报专用软件，这些部门已经非常依赖。罗德克说："我们完全低估了我们建立在企业财务部门中的这一资产的影响力,也低估了它们在自己非常具有技术性和敏感性的这一部分工作上对我们的依赖程度。"

结果既来得迅捷,也令人印象深刻。海波龙的市值达到了 20 亿美元——相当于四年内实现了四倍的业绩增长。利润率也提高了 20 个点(达到了 16%)。与此同时,海波龙在其客户模式上所作的变革,在将它的基本客户群从 6 000 家企业,扩大到超过 12 000 家的同时,提升了自己在企业绩效管理(BPM)细分市场上的领导地位。经营的结构调整或重组与全方位的战略性重新界定的结合至关重要。两种举措的任意一个都将不可能独自解决当前的问题,并将业绩水平予以更新和提升。

尚未开发的客户数据资料与信息

假设你们是一家医疗器械公司,不经意间发现你们其实一直在收集有关器械何时会失灵的预测性数据——其中也包括客户的健康资料,那么,就像某些保健公司目前正开始意识到的那样,你们就将拥有能够改变你们的发展模式,以及所属产业的游戏规则的基本要素。

或者,假设你所处的是包裹递送行业,并已成为首家做到能即时性跟踪每一个包裹去向的公司[如同联合包裹服务公司(UPS)和联邦快递公司(FedEx)那样],那么,你将拥有改变游戏规则的强大工具。又或者,假设你所投身的是体育设备业务,你能够收集可以与改善运动表现的程序相关的运动员成绩方面的数据资料(如耐克公司正从事的)。再或者,假设你可以使用客户购买方面的数据资料精确地预测,有哪些产品或服务你的客户会想要购买(如沃尔玛和亚马逊网络书店以不同的方式所做的那样)。

所有这些了解你的客户的方法将会容许你改变客户模式,以及重新界定你与核心客户的关系。随着公司逐渐拥有着无限的数据资料存储能力,随着国际互联网和无线技术极大地扩展了可以采集的信息与数据范围,信息与信息技术(IT)服务可以成为战略性更新重建的中心。

美国运通的重新界定

我在以往的写作和研究中,曾使用过一家公司的案例,它就是美国运通(American Express)。它集中地体现了在"集中关注—扩张—重新界定"周期的每个阶段里所能遭遇到的问题和危险。

正如《从核心扩张》一书所记述的,美国运通公司于20世纪80年代所进行的扩张,是为使公司成为一个金融超级市场所作的一次努力和尝试。该公司将众多企业捆绑在一起,并试图交叉销售它们的服务,美国运通最后得到了一个膨胀的成本结构。这一招没能奏效。市场对美国运通未达成的愿景(vision)的负面反应,以及它在收益上的崩溃,导致了投资者信心的丧失,以及其股票价格的急剧下降。1989年至1990年,美国运通公司失去了其40%的市值,而将被并购的传言,在该公司的周围流传。1993年,该公司起用了一支新的管理团队:哈维·戈卢布(Harvey Golub)和陈纳德(Ken Chenault)[14]。他们迅速地削减了20亿美元的成本,并促使该公司重新专注于那些能直接提升美国运通品牌的核心业务。他们围绕着如下三个经营理念令企业组织重振旗鼓:向所有的客户群提供卓越的价值,达致业界一流的经济效应和指标,在所有的活动中烘托美国运通品牌。在这个过程中,他们摆脱掉了作为前10年失败的战略的一部分而被并购的许多企业。

但是,一个功能精简和结构重组了的美国运通能最终走向一家健康发展的企业吗?美国运通的核心签账卡(charge-card)[15]业务,因其企业客户而独享领先的市场地位,但业务几乎完全面向旅行花费。这些支出通常只占一个典型企业的成本的几个百分点和个人平均预算的3%,但它们却占了标记于该公司1993年绿、金和白金签账卡上的购买额的

70％以上。总之,整个业务是面向这一类别的购买(旅行和娱乐)以及各种特殊的客户(企业账户和个人商务旅行者)。

与此同时,美国运通的主要竞争对手——威士卡(Visa)⑯同万事达卡(Master Card)——则在为全方位的消费者和企业及其全方位的消费支出提供服务。显然,如果美国运通不能重新界定其业务,将会被有广泛基础的竞争势力迫至越来越小不可持续的困境。问题是怎样实现这一重新界定。陈纳德描述了管理团队是如何着手于一系列的举措,以实现对不同类型刷卡消费的多样化介入,向产品的定制化进发,扩大商家的接受幅度,以及为更具体特殊的细分客户群引入奖励机制。这些变革重新界定了该公司的核心:

> 我们是这样开始的:重新界定那些与众不同的高消费细分客户群;重新调整我们的产品开发努力,以逐一地满足每一个细分客户群的需要;为它们每一个提供具体特殊的、定制的签账卡产品;以及大大地扩展客户使用美国运通卡购买商品和服务的范围。我们对每一个内部程序都作了重新定向——采用一个"端到端"(end-to-end)的客户关系处理方式,而不是一系列互不关联的活动。通过以这种新的方式考察业务,我们发现,我们在产品开发上有多达200道工序,而且往往难以确定一个单一的人最终为这些决策负责。我们甚至不能回答什么是产品开发的周期这一问题。我们现在使它缩减为一个整合程序里的少数几道工序,伴随着明确的责任分界线。一种新产品的开发,过去需要花费12至24个月,现在只需1至3个月。我们过去一直只拥有三个细分客户群:小型企业、大型企业以及商务旅行者。而我们现在则跟踪和研究几百个关键的细分客户群。我们已经对围绕着企业组织每个层面上的客户的激励机制,完全进行了重新设计。

当我们刚开始这一变革进程时,约有70%的刷卡消费是旅游和娱乐。现在这一数字则下降到了30%左右,零售和日常开支构成了另外的70%。那是对我们的客户实际上如何花钱的一个较好的反映。我们已经开始专注于外,而不是向内。[10]

简而言之,美国运通公司已经在如下方面进行了转型:其结构内的核心,内部的程序,心理定势或心态,薪酬补助,用以描述自己的语言,以及经济回报。

与此同时,陈纳德进一步证实了优质的客户服务——该公司的一种传统特长——的重要性:"从一个服务提供的立场上看,更多的产品能很容易地添加更多的复杂性。我们需要绝对做到:我们提供给所有客户的服务质量和个人认知度(level of personal recognition),非但没有降低反而有所改进。"

美国运通的管理团队除了追求客户邻接战略(customer-adjacency strategy)外,过去还曾有很多备选方案:它可以把公司几乎所有的投资支出,集中于目前占公司业务34%的国际市场上;它也可以像美国运通公司的许多银行卡竞争对手所做的那样,转向以贷款为基础的业务,或尝试早期战略的一个不同版本,为核心客户增加更多的金融财务服务;它还可以将资源转向它的投资顾问业务,使其成为战略重心。

然而,对于美国运通来说,正如陈纳德所描述的,正确的关注重心当然最终被证明是围绕着几项核心原则的对业务模式的重新界定:专注于品牌;赋予业务灵活性和变通性;以及在利用公司的信息资产更好地了解客户喜好的同时,为它们设计专门的产品和服务。那些以前处于隐蔽状态的资产——数据资料、顾客接触渠道连同值得信赖的品牌——已导致了基于那些信息资料的显示指向来推销服务的一种新战略的产生。

那种"一种尺寸适合所有人"（one-size-fits-all）的方式或做法，早已成为历史遗迹。该公司将它所提供的产品品种扩大了 100 倍。与各大航空公司、酒店和零售商以品牌合作为基础结成的伙伴关系激增。利用这些来自于市场或客户细分活动的识见而形成的奖励计划或项目，刺激了持卡人消费的创纪录增长，并强化了客户的忠诚度。由于这一战略转变，该公司每年带给股东的回报平均为 20％。

我们的案例研究一再表明，当你的战略趋近于极限时，隐蔽的客户资产可以提供一条救赎之路。德比尔斯公司正是通过从以供给为本的战略向以需求为本的战略转换的方式，体现了这一点的——该公司对钻石经销商和最终消费者的独特接触渠道，以及在二者之间所享有的声誉，使这项战略转变成为可能。欧特克公司是凭借重新发现能够推动对其最初的核心建筑师和设计工程师基本客户群，进行更深层次的垂直细分的、未经开发的潜力来这样做的。在这一过程中，它摆脱掉了一个宽泛的、无限制的服务战略，踏上了"回归未来"（back to the future）之路。海波龙解决方案公司（Hyperion Solutions）实现了这一点，其做法是通过利用它对与企业财务总监们过去的特许经营关系的介入或接触便利及所获得的信誉来扩充其应用软件套件，并进而获取了那些客户的"钱夹份额"（share of wallet）[17]。美国运通公司则是通过利用它所拥有的一系列未开发的客户资产，尤其是它得自于与持卡会员及商家双方直接关系的、独特的数据库来做到这一点的。

但是，在注意到被低估的资产后，你怎么知道应该如何处置它们呢？有时，答案是显而易见的。偶尔一道灿烂的闪电会有如灵光一现。或者，你的企业业务的性质可以允许管理层利用试点项目（pilot project）去测试一系列的路径，并对它们进一步认识和研究，直到答案浮现出来。但是，要是这些办法都行不通，又该怎么办？是否有其他的什么地方，可以寻找创意或指导？

可以寻找识见或洞察力的一个地方，是位于你企业之外的相类同世界（parallel worlds）。这些可以是其他的行业，既可提供经验教训也可提供思路创意。或者，你也有可能会在你的前卫客户们——为解决自身的问题，它们正以新的方式使用着你的产品——身上，找到答案。

找出隐蔽的客户资产

假设你处身于一家这样的企业，它符合我们所设定的作为战略性更新重建候选者的标准。在你核心的基本客户群内的历史性的增长程式，如同德比尔斯公司一样，不再带来以往辉煌的利润或增长。或者，曾经独特的商业模式，现在已经失去了它的差异化力量，一如美国运通公司的情状。又或者，利润空间正在缩窄，就仿佛几乎所有的电信公司的情况：争先恐后地寻找切分其市场的新的方法，并寻求赖以更新重建的差异化资产（如进入家庭用户的渠道、无处不在的压倒性优势或品牌名称）。那么，你如何确定自己是否拥有能用来振兴你的战略的客户优势呢？

一种方法是"从里向外"（inside-out）进行的，包括考察三个类别的客户资产——隐蔽的细分客户群，信息，以及特许的接触机会或渠道（及其亚类别），并向身在第一线的经理们询问，看他们是否相信有这些类型的资产存在。如果一个合乎逻辑的情况被提了出来，那么就要对它进行分析性的审视和诘问，以测试其是否确实存在，是否具有差异化特征，以及是否能被利用来重新界定你的商业模式。在美国运通公司等的一些案例里，这一切正是实际发生的。

另外一种方法则是"由外朝里"（outside-in）运作，包括考察你自己企业之外的相关成功模式。

来自相类同世界的识见

你要到哪里去获取有关如何用新的有效方式,重新界定你的客户战略的主意或思路? 我们在案例研究中对这些主意或想法的起源作了探索。我们发现,尽管战略识见或洞察力每每出现于内部,它们也同样常常能通过观察其他行业内的企业战略,或一个企业自身所处产业内的、作为"领先用户"(lead user)[18]的客户战略而引发。我们把这些叫做"相类同世界"(parallel worlds)[19]。

相类同世界有能产生识见和主意的力量并不新奇,但却很少有企业相信它们自己极擅长对其予以利用。举例来说,贝恩公司的商业创新研究发现,只有28%的企业高层认为,他们的公司善于在企业以外寻找创新的主意和思路。然而,过去几年里一些最成功的企业复兴,例如宝洁公司是通过对"开放市场创新"(open-market innovation)的重新强调和重视所刺激和促成的。通过"开放市场创新",这些公司培养了与它们的客户、供应商乃至其所在产业以外的企业的深厚伙伴关系,借以开发新的产品和理念。[11]

近来的一项研究显示,就进入一个新的产品市场而言,作为一个资金充足的快速跟进者,通常要好过作为第一个闯关者。该研究的作者们提出:"商业史上比较大的神话是,一个新市场的先行者(first mover)会最终独霸市场。当谈到由突破性的创新所造就的令世界耳目一新(new-to-the-world)的市场时,没有什么能比这一点更荒谬的了。"[12]他们列举了一长串的例子,包括电脑断层扫描仪(CAT scanner)[20][由百代公司(EMI)[21]首先开发,但通用电气(GE)最终成了大众市场的强大的领导者和创建者];视频游戏[雅达利(Atari)公司开发了它们,但真正从中受益的,却是任天堂公司(Nintendo)和后来的索尼公司(Sony)];以及袖珍计算器[鲍马尔公司(Bowmar)[22]首先研发,但德州仪器公司

(Texas Instruments)使其完全商品化并最终取得主导性的市场地位]。

即使是最简单的单一核心业务,管理团队也难以像他们也许本应该的那样,着重或专注于外部。对那些面临深刻的战略问题的复杂的多核心企业而言,这甚至要更为艰难。

我们在客户模式基本面上成功变革的几乎所有例子,都以商业模式演进的一个或多个基本类型为榜样或标杆。关键是要进行深入的客户研究并确定哪些模式最适合于你的情况。记取来自相类同世界(单个客户的观察资料,拥有新方法的竞争对手们,以及最为重要的——其他行业的成功模式)的经验教训,你会获得双重收益:首先,正像如下列表或清单所显示的,在"脑力风暴"(brainstorming)[23]和选项开发的最初阶段,有一个用于思考你的业务需要如何加以变革的备忘清单或核对表(checklist)是十分有益的;其次,从公司的外部来研究一些具体的例子——不论是挫败还是成功,可能会具有意想不到的极大价值。

在我们的研究中,客户模式沿着以下提及的七个方面或方向的一个或多个演化发展:

- 产品→服务和信息
- 标准规格的商品→差异化(产品)
- 同种类的(客户)群→细分的(客户)群
- 组件→系统
- 活动(零散或分裂的)→解决方案(整合或集成的)
- 高成本→低成本(系统经济学准则)(systems economics)
- 断开、不连通的→网络化的

令人惊奇的是,这些客户模式不断在一个又一个行业里不停地"上演",有时是成功,有时是灾难。这意味着别人出钱供你上课去学习宝贵的经验教训。

宾士域：创建一种新的客户模式

宾士域公司（Brunswick Corporation）作为休闲娱乐产品企业，通过更好的运营以及一个更加以客户为中心的、借鉴了一系列对行业外客户模式的观摩所得的战略，已体验和经历了企业的复兴。为了能够欣赏和感受已在宾士域发生——更确切地说是正在发生的转型，你首先需要了解一些背景材料。这家公司长达 158 年的历史波浪起伏——从作为市场的先驱者起步，发展壮大，走向辉煌，而后逐渐步入多元化经营以至趋于衰落，然后再度辉煌起来。

约翰·布伦瑞克（John Brunswick）㉔希望造出世界上最好的台球桌，然后将它卖向全美国。为了做到这一点，1848 年，他在辛辛那提（Cincinnati）㉕创办了一家公司。像很多拥有悠久历史的公司一样，宾士域公司着眼于它的核心市场（台球和保龄球）已超过 100 年。1956年，宾士域公司和它的劲敌 AMF 保龄球公司（AMF Company）㉖，首创了保龄球道上球柱的自动设定装置。这不仅导致了该项运动的再度流行，也开辟了一个新的、颇具吸引力的利润空间。

鉴于它的成功，宾士域公司的领导者当时宣称，他们希望该公司成为"休闲娱乐业的通用汽车公司"（General Motors of recreation）——这是曾经引发了一连串狂热轻率的并购的、一个含义复杂的比喻。宾士域公司从 FER 周期的"集中关注"和"扩张"阶段，转入了"重新界定"。它购买了生产旱冰鞋、户外服装、渔线轮、高尔夫球杆、棒球、舷外马达以及游艇船壳的各类企业。它甚至还介入了医疗分销和注射器的制造。

宾士域公司的"公司历史"，并没有解释这些后来的举措与休闲娱乐业之间的联系；它只是简单地将处于狂热的"成交"期（deal-making period）的该公司，说成"像个一再走运的赌徒"（like a gambler on a hot streak）。一些投资选择取得了成功，大多数与船艇业相关。但是其他的并购带来了大量的混乱,毁掉了成百上千万美元的价值,并耗损了该公司的活力和资源。一篇有关宾士域公司的文章,将这两个时期称为"生命一号和二号"(life number one and number two),好像该公司是一只猫㉗。13

随着乔治·巴克利(George Buckley)加入该公司的"水星"(Mercury)㉘船艇引擎分部,并随后于2000年晋升为宾士域公司的首席执行官兼主席,"生命三号"(Life number three)算是开始。到了那个时候,宾士域公司的战略厄运,已形成了一个巨大的挑战。巴克利说:

> 在第一个星期,我就已知道,我们不得不做什么。我们有3.2亿到4亿美元的信贷额度。股票价格从每股37美元到每股12美元,已下跌了三年多。公司正迈入一个亏损年,许多业务都正在失去大量的现金。我们的一些业务单位有将近一年的库存。巨额的销账(write-off)、意志消沉的员工、愤怒的股东,这一切比比皆是,还有一个潜在的流动性危机。真称得上是一个"不错"的开局(A nice way to start)!设想一下,当航行在大西洋中时,你的船底却出现了个洞,你要做的唯一一件事儿,就是赶快向外舀水。我知道我们不得不去为公司寻找现金,我也知道我现在就像坐在针毡上一样尴尬,我更知道我们需要围绕着一个计划来制造紧迫感。14

在接下来的两年里,该公司大幅度削减成本,关闭了多间工厂,并退出了从渔业设备到冷却器再到宿营用品等业务。这些举措稳定了局面。但下一步该怎么办?也正是在这一节骨眼儿上,巴克利有关"相类同世界"的思路,派上了用场:

> 我在整个职业生涯中曾经一直使用的技术是"相类同世

界"方法。《圣经》上说，阳光底下没有什么新东西（there is nothing new under the sun）。在物理学中，同一种数学等式描述了水对大坝的渗透，热在钢板上的传导，以及磁性材料中的涡电流动向。如果碰到一个棘手的问题，我总是问自己，是否以前有别人在另一种情况下，已经把它解决了。

我们意识到，与船艇业所需要的产品性能和可靠性相同的进化发展，多年之前就已出现在了汽车业中——有我们可以从中学习、借鉴的很强的类同之处。这与如下的程序相关：到消费者那儿去，看看他们需要什么；然后再回过头来，看看分销商（或经销商）有什么需要；最后再看看，这意味着在我们自己的经济原则和生产制造模式上，应作出什么变化。我制作了我所谓的一些"想象"幻灯片并说："试着想想，如果只有一个丰田，它拥有遍及全球的业务，上佳的售后服务、低廉的成本，广阔的产品线，面向所有市场的服务，以及对这家公司所售产品的质量充满热情的经销商。然后再想象一下，如果所有其他厂商像它们 1970 年所做的那样继续生产汽车，会发生什么事呢？市场份额将逐步转移到这家公司，竞争对手们都将尊重它，投资者和客户们都将热爱它。在船艇业，这家公司可以是宾士域。如果我们用产品和服务来执行与实施这一行动清单，我们就将变成像这家象征性的汽车公司一样。我们要成为船舶业里的'丰田'。"

与汽车业的进化发展的类比为宾士域提供了一个战略路线图的一些要素。巴克利解释说：

我们意识到，我们拥有达成这一点的一个巨大优势。这是因为我们既造引擎又造船艇，我们的行业中还没有其他的企业能够做到。因此,我们有机会制造出完全集成化的"端到端"船艇,正如同汽车业(在早年里)从类似"套件车"(kit car)㉔的、带有大量修配用零部件的产品,向设计出色的、全集成化车销售的移动。在这里,整合或集成是关键。因为,我已经注意到,日常生活中的事情,大多是在边界或分野处出的错。接口与边界问题的消除将有助于你提高产品的可靠性。所以,这就是我们关于船的观念,清除零部件的组合边界,宁可要一个全面集成化的产品。如果我们能够取得全面的、"端到端"的控制权,我们就能更好地满足顾客的需求。你会购买一辆仪表板上配备了一个红色的、前盖为正方形的里程速率表,以及一个灰色的、圆形的引擎转数计数表的汽车吗?我不这么认为。然而,那正是我们在船艇上所做的事。当我还是个小男孩儿的时候,我的父亲就拥有一辆英国车。我们每个周日下午都会对它进行维修和养护(在那个时代,你不得不这么做)。甚至连方向指示灯也往往是来自于修配市场的零部件,你不得不自己往车上添加!现在当然全都是集成的了……我意识到同样的事情也正发生于船艇业,只是我们还处在这一周期的一个要早得多的阶段里。

宾士域已并购了纳夫曼公司(Navman)和北极星技术公司(Northstar Technologies),因此为它带来了全球卫星定位系统(GPS)㉕导航、海事类电子产品和系统集成方面的技术。在 2002 年到 2005 年间,这部分业务以每年 105% 的速度增长,并于 2005 年带来了四亿美元的收入。宾士域还并购了业界最大的北美零部件分销商——陆与海分销公司(Land 'N' Sea)。它提供关键的船用零部件的当天服务与交付。最近,宾士域还修订了其组织结构,以将这些客户与产品的整合战略带到北美洲以外的市场。

宾士域公司于 2001 年以 33 亿美元的收入走出谷底。到了 2005 年,这一数字已上升至 59 亿美元,伴随着 4.79 亿美元的营业收入(operating earning)。其股票价格从 2001 年每股 13.71 美元的低点,上涨至 2004 年 11 月每股 48.91 美元的高点。这是拥有了一个新的核心的一家企业:约 91％ 的收入和利润来自海事业务;原有的台球和保龄球核心,则占了剩余的大部分。宾士域拥有居于领先地位的、美国舷外马达 38％ 的市场份额。该公司明显大于拥有约 15 亿美元可比产品的,堪称其最大竞争对手的雅马哈公司(Yamaha)。

乔治·巴克利这样总结道:

> 为了给我自己提供指导,我留意过各种各样的去处。萧伯纳(George Bernard Shaw)③ 说过:理性的人使自己适应体制,不理性的人让体制适应自己。有些时候,你不得不是非理性的。经由一种可以实现,甚至也许在你可以观察到的其他行业或世界中有着相类同之物的愿景,成为非理性者是有可能的。它往往始于一个人的梦想,但它并不能一直这样。信仰并非一个基于知识的系统,但信任是一种基于经验的系统。它始于信仰,最终成为信任。如果你能使企业组织的全体成员都忙于实现这一梦想,并将它转化为他们的梦想的话,那它就在所有人的梦想里了。即使愿景如它经常所做的那样,演化发展了,这些原则也仍然适用。这是令人难以置信的。

基本的客户模式的转型并不容易,大部分的尝试都以失望告终。但宾士域除了将它做好以外没有别的选择,要么就只好倒闭。它着眼于其唯一可持续的核心——游艇业(boating)——内所拥有的客户,创办了一项重新界定该公司与这些客户关系的业务。它开始为这些客户提供一个集成系统,而不是仅仅为其提供零部件——一条船、一台引擎或一个配件。

辨识隐蔽的客户资产

这一章所提出的观点是你的生意的复杂性,可能遮蔽了领导力经济学的一些零星部分:在一个细分客户群里,在针对某一特定类型的客户问题的解决方案里,或通过独特的信息和接触渠道(access)。

如果你认为自己处于这里所描述的某些类型的情境里,那么,不妨问问自己以下这些问题。如果你从问题的答案里看到了进退两难的困窘(dilemma),那很有可能意味着,对被低估的细分客户群和未开发的客户接触渠道的寻求,可能证明是富有成效的。

辨识隐蔽的客户资产

你是否拥有这样隐蔽的客户资产——它们能够构成更新重建战略的基础,或至少刺激一波赢利性增长? 对这些问题的回答可以帮助你决定:

- 你的核心客户究竟有哪些? 这一点正在发生怎样的变化?
- 对那些核心客户而言,真正的差异化在哪里? 你是怎么知道的?
- 在哪些细分客户群里你是领导者? 为什么? 你已充分地开发和利用了这种领先优势了吗?
- 你是否拥有一个有关客户行为或其经济状况(economics)的数据资料库或知识库? 这类数据资料是关键性的

和独一无二的吗？你是否已明白了其全部的潜力？

● 相对于这些细分客户群的一些来说,你是否拥有尚待开发的影响力层面,如品牌、信任度或接触渠道？你是怎么知道的？

● 为了给你的业务模式的下一个一般性版本提供思路,你已对适宜的相类同世界(请参看"来自相类同世界的识见"一节)考察过了吗？

● 现在以及将来,你的核心基本客户群的利润空间在哪里？就它们变化的方向而言,你是否处于有利的位置？

第五章　被遗忘的能力

能力(capability)是商业业务的要素。如果有一项业务相当于门捷列夫(Mendeleev)的元素周期表(用来描述在已知宇宙中,组成所有物质的构件),那么,能力将是填充该表单元格的元素。在能量和时间等给定的情况下,你可以将能力组合在一起,以创造新的性能和动力。一些能力一如惰性元素,彼此毫不相关;但其他一些却能以令人惊讶的方式相互结合。这样的结合可以产生倍增效应(multiplier effects)①,并创造出巨大的商业变革或更新力量。

能力在我们的研究当中是第三类开发或利用得不够充分的资产,也是最为隐蔽的。不论是对许多企业战略的更新重建,还是对能力较差的对手进行战略征服,努力发掘它们②都是至关重要的。在下面的例子中,我们可以看到,少数竞争对手之间在几个关键能力上的差异,导致输家的发展轨迹不可持续。而与此同时,赢家看起来则几乎是势不可当的。

英国食品杂货连锁店特易购(Tesco)和塞恩斯伯里(Sainsbury's),过去曾经几乎完全一样。而今,特易购成为明显的赢家,拥有 31% 的市场占有率和优异的经济模式。塞恩斯伯里则已经下滑到市场里的第三名,落后于沃尔玛(Wal-Mart)旗下的阿斯达(ASDA)。什么是其中的关键因素呢？能力。在这场竞赛的开始，特易购就意识到了出众的物流和后勤补给的重要性。因此，特易购在这方面，开始了幅度比其竞争对手要大得多的投资。

回顾这一竞争力分化的典型案例，在这一时期的大部分时间里，都在担任特易购首席执行官的洛德·伊恩·麦克劳林（Lord Ian MacLaurin）说："我们的重点首先是放在分销能力上。我们最终在这方面变得特别成功，以至于我们可以高效率地经营规模较小的店铺诸如'特易购都会店'（Tesco Metro）和'特易购便捷店'（Tesco Express）模式。③而其他人则不能。此外，我们认为我们在自己的大型店铺里，备有关键商品的高标准的库存。透过这一切，分销已是重中之重。即使在这整个一轮过去之后，我们的许多竞争对手们还是没有把它们的分销能力彻底整合好。"[1]

或者，不妨再考虑一下包裹递送的案例。在联合包裹服务公司（UPS）、联邦快递公司（FedEx）、美国邮政服务（U. S. Postal Service）之间，为控制额外加价信件（premium letter）和包裹投递所展开的与能力相关的较量是一场并不势均力敌的战争。美国邮政服务在其聘请人工、给付工资、对外竞争以及投资的能力方面，受制于将它作为一个公共实体来管理的法规。相比之下，联合包裹服务和联邦快递已积极地向包裹追踪方面的尖端能力，以及用于先进物流的信息技术系统方面投资。在过去的五年里，这方面的平均开支大约为销售额的8％。其结果是联合包裹服务和联邦快递从20世纪80年代不到美国邮政服务的四分之一大小，已经增长到与邮政服务几乎同等的规模（二者加起来），且仍在以比其要快50％的速度增长。

许多因素在其中发挥了作用。有些人可能会争辩说，美国邮政服务可以使用来自于其信件递送方面的垄断性收益来补贴其在包裹递送方面的竞争。但是，如果你跟这场较量中的双方都交谈一下，你会发现，这其中的一个核心要素是影响到递送的成本、速度和频率,以及特殊功能(如包裹追踪软件)的、日益增长的能力差距或鸿沟。与私营者的这种能力差距,以及竞争所需要的再投资水平或程度,是欧洲的很多邮政服务,例如德国邮政(Deutsche Post)和荷兰的天地快运(TNT),已经私有化的一个原因。这些国家的政府,已经决定从一场重新界定其竞争对手们比重新界定它们自己更快的、与能力相关的战争中退出。

在互联网搜索引擎市场中,谷歌(Google)步雅虎(Yahoo!)、耶克塞特(Excite)以及"请教吉夫斯"(Ask Jeeves)[现在被称为"提问网"(Ask.com)]等一系列竞争对手的后尘,于1998年加入对该市场的争夺战。目前,谷歌大约占有其中50%的市场份额,并已从这一强核心向一系列相关的业务机会扩展开来。现在,该公司拥有60亿美元的收入(revenue),市值达1 530亿美元,或相当于列《财富》500强名单首位的沃尔玛市值的77%。

谷歌公司成功的关键是其居于核心的软件设计能力和专有网页排序算法。谷歌显然已经意识到其竞争力取决于网络搜索的地位,谷歌独特的用户和供应商生态系统[例如,它在其"关键字广告平台"(AdWords)里,拥有超过30万的广告合作伙伴],以及其软件设计人员的能力。谷歌对这类人才的渴求,已经突出和强化到了一个让业界震惊的新高度,反映了我们在体育界人士的薪酬里所看到的"自由球员狂热症"(free agent mania)④。例如,谷歌用一个报称约为1 000万美元的薪酬包(pay package),挖走了微软公司主要的语音识别软件专家。这并不令人惊讶。一个意识到它最终将在能力上竞争的公司,是舍得在能力方面投入巨资的。

在我们对全球高管的"能力调查"(Capability Survey)中,有57%的受访者表示,为达到其增长目标,获取或购进新的核心能力"极其重要"(回答或"重要"或"极其重要"的比例,则是令人惊异的98%)。当我们请他们列出任何"已经存在于其业务里的、有可能刺激增长的隐蔽性精华(hidden gem)"时,最常见的两种反应,是不同类型的尚未开发利用的能力。

在贝恩公司另一项单独进行的对委托客户们所作的 100 多个战略研究的分析中,项目负责人表示,其中 56％的案例已经制定出来的新战略,取决于未经开发的和未获充分重视的能力——或是自成一体,或者与其他需要去获取或加以强化的能力相结合;对一半以上的案例来说,缺失或不足的能力是那种将会改进成本地位的能力;而在另外 45％的案例里,这种能力是对速度或产品周期时间至关重要的一种能力。这些都是根本性的需求和尺度,一般处于竞争性表现的差异的核心位置。

什么是能力

这里所指的能力是以一种可重复的方式(a repeatable fashion)去达成某事,去完成一项非常具体明确的任务的能力。能力是商业业务价值链的基本单元或构件。典型的业务单位由 80 至 200 个重要的能力构成。其中的极少数属于真正的核心。我们界定一种核心能力,根据的是它创造经济价值(为客户)的能力,以及其提供相对于竞争对手而言的差异化的一种来源的能力。这并不是说其他的能力就不重要——如给客户们寄送账单、管理公司的内联网或培训员工——但这些通常不是核心。它们也不是可用于更新重建商业战略的隐蔽资产类型。

在商业语汇中,"核心竞争力"(core competence)[5]这一概念是为人所熟知的。其推论结果也是如此:企业是建基于形成其竞争能力的一套基本能力之上的。这一主题的开山之作发表于 1990 年,是加里·哈梅尔(Gary Hamel)和普拉哈拉德(C. K. Prahalad)合作的文章"企业的核心竞争力"(The Core Competence of the Corporation)。随后,在他们的著作《争夺未来》(Competing for the Future)中,两位作者这样评论道:

企业在能力上竞争这个命题并没什么特别新奇之处。而当一个人试图在那些"核心"和"非核心"的能力之间进行区分时，微妙之处便随之而来。如果真要列出一份对某一特定商业业务的成功具有潜在重要性的所有能力的详细目录，那将会是一份很长的清单——太长了以至于不具有任何充分的实用性。资深管理层不可能对每件事都给予同等的重视；但对什么活动真正有助于企业长远的繁盛，却必须具备某种领悟。因此，目标就是要把资深管理人员的注意力集中于那些处于长远的竞争性成功的中心而非周边的能力之上。[2]

　　1996 年，迈克尔·波特（Michael Porter）写道，持久的竞争优势很少能仅仅靠出众的运营效力来获取；要成为一个成功者，就有必要从事不同的活动，而不只是用一定程度上更好的方法，来从事相类似的活动。[3]他透过他所谓的"活动系统"（activity systems）来描述这一策略，活动系统指的是一家公司的能力与其他东西相联系以生成业务流程的方法或途径；以及这些流程可以增大相互之间的力量或能量，并创造很难被复制的竞争优势的方法或途径。波特以非常成功的瑞典家具零售商宜家（IKEA）为例。他展示了宜家独一无二的业务程式，如何能以整个产业中独一无二的方式，追溯到一整套强大的相互关联的能力（装配设计、物流和成本管理）之上。

　　如果你把隐蔽的能力划分成如下四种类型，就会更容易确定，它们是如何帮助你重塑你的战略呢？

- 核心能力：具有高度差异化的特征；对于创造客户价值而言必不可少。

- 不具备差异化特征的能力：对业界所有参与者而言，它们是相似的，但对创造价值而言却又是必备的。在寻找新

的竞争差异化时,这些虽无差异但却至关重要的能力能
赋予创新机会。新的竞争者们往往正是从这些关键性的
无差异能力中,找到了自己进入市场的方法。

● 无法创造很多经济价值的、不具备差异化特征的能力(往
往是外包候选者或对象的纯商品)。

● 只能创造有限的价值,而你又需要处理得独一无二的
能力。

分层堆聚于这一静态框架之上的是未来发展所需要的能力。不妨
设想一下:五年之后,整个情形看起来将会像什么? 它看起来应该像什
么? 你能在何处以及何时获得所必需的新能力? 你在何处需要强化弱
势的能力? 哪些强势的核心能力是你应该投资并用新的方式予以扩展
的? 为了创造某些新东西,新旧能力应如何互动?

许多新的模式和战略的可能性,可以在对能力的集中讨论中显现。
我的结论是很少有管理团队已经有过了这样的谈话:"当前我们最具差
异化的特征,或最能与他人区别的几个能力是什么? 在五年之后我们将
需要如何改变?"

本章考察了能力作为决定性的因素,在那些已经成功地重新界定了
自己的战略,以及那些未能成功地达到这一点的企业中出现或形成的方
式或途径。这一因素同隐蔽的客户资产和隐蔽的平台资产略有不同。
在那些情形下,处于关键地位的是你已经拥有的资产的独特性,以及它
们在营造明晰而直接的竞争差异化方面的潜在作用[例如,珀金埃尔默
公司的基因定序产品及专利——埋藏于该企业内部——对它而言,是独
一无二的;神奇娱乐公司对蜘蛛侠的所有权,是他人难以获得的;多美达
公司(Dometic)在某些制冷细分市场上的强大的领导地位,虽可能早已
被人觊觎,但却是无人竞争的]。能力与别的隐蔽资产有所不同。因为

从理论上讲,能力往往是别人可以得到的。另一个关键是,它们对企业组织以及最终的竞争优势的影响,常常存在于复杂神秘的变化过程(complex chemistry)之中。通过它,新能力能够改变它们周围一切事物的潜力,进而生成一些崭新的和更好的东西:一个更高的综合体(像本章中的例子将要明确传达的)。

因此,不仅直接的观察能力要比观察企业业务、"孤儿产品"或客户数据库更加困难,而且能力的影响也更为微妙和不可捉摸。这也正是我们认为它们是最隐蔽的资产的缘故。

未尽其用的能力的三种格局

本章介绍了我们对于隐蔽的能力的发现,并说明了如何认知它们,以及如何思考它们在重新界定核心业务及其战略上所能发挥的潜力。本章还审视了我们在自己的研究中所发现的三种情境:

● 能力可以在企业层面予以发现,其影响通过业务和产品线向下波及。

● 能力可以让一个管理团队重整特定业务的经济模式,以及重新界定什么是它可以提供给其核心客户的。

● 能力可以在一个全新的核心——也许具备变得比以前的核心更有价值的潜力——的创造上,充当催化剂。

通过隐蔽能力重新界定:全公司范围的变革

被证实为可以推动一家企业转型的能力,可能存在于公司层面——处于其中心——并可以用来重塑一系列业务和产品线。我们以酶或酵素(enzymes)生产领域的全球领先者诺维信公司(Novozymes)的案例作为开端。这个例子可能不免有几分讽喻或巧合意味(ironic):因为酶与其周围环境里的其他元素相互作用能够达到新的性能水平。

诺维信:能力作为重新界定的催化剂。酶是自然产生的蛋白质,可以引发并加速化学反应。事实上,"酶"(enzyme)这个字是希腊语"在酵母中"(in yeast)的意思。酵母的发酵作用或效应是最早得到公认的酶反应之一。酶的环保、有效以及结构的有机性等优点使得它替代传统的化学制品,正逐步承担起很多商业任务。酶能分解牛奶蛋白以制造奶酪和酸奶,加快啤酒酿造的过程,提高清洁剂去除污垢的能力,加速谷物转化为酒精的过程,并延缓面包变质的自然过程。

诺维信在开发和生产高品质的酶方面已经成长为世界的领导者。2004年,诺维信实现了60亿丹麦克朗的收入和18%的利润率。它在其所横跨的所有市场——其中的许多都是该公司白手起家、从无到有创立——中,占据了平均44%的份额。

同本书里提到的许多企业一样,诺维信的血脉与渊源可以追溯到许多年前。为了从猪肉腺体里提取胰岛素,两个竞争对手——诺德公司(Nordisk)和诺公司(Novo)——分别成立于20世纪20年代初。1940年,诺公司意识到,废腺体中包含一种被称为胰蛋白酶(tripsin)⑥的酶,可用于制造助消化药和鞣制皮革。二战期间,诺公司开始生产青霉素,因此它添加了发酵和高容量生产上的能力。战争结束后,该公司专注于生产高容量的商品酶,最初用于洗涤粉中,随后用于酿酒。这些早期的应用没有什么高的科技含量。事实上,其酿造酶的生产是基于两千年前日本的技术。当时被用来加速清酒酿造中的稻米发酵过程。

1988年,诺公司和诺德公司合组为诺和诺德公司(Novo Nordisk)。2000年,该企业组织通过公开募股的方式,将诺维信剥离为一个专注于酶的单独的公司。该新公司首席执行官斯滕·里斯高(Steen Riisgaard)

是一个拥有 21 年行业经验的资深人士。在诺维信被剥离时,他正担任着诺和诺德公司的总裁。里斯高开始将诺维信从对商品酶的依赖中转移出来。该公司获得了具有领先优势的生化能力,这使得它有可能为特定的具体应用生产"设计酶"(designer enzymes)⑦。诺维信的科学家们越来越强烈地受到了在客户的密切配合下工作,而不是在隔绝的状态中搞研究的驱策。里斯高解释了这些能力的重要性:

> 只有与最具技术能力的客户所保持的尽可能密切的技术合作关系,才可能推动真正的突破。这是我们过去已下了多年工夫的一项主要能力。事实上,今天的我们不会容许任何超过六个月的探索性研究在没有这样的现场客户验证的情况下存在。与过去的业务相比,这是真正的不同。
>
> 我们通过我们所添加的一波又一波的能力及其对核心的不断融入与整合,创造了我们的竞争优势。每一种能力都已不同凡响地改变了那些我们与客户所能做的事情,并已产生了我们事先无法预测的影响。第一项重大的科学能力是基因工程的引进。直至将近 20 世纪 90 年代,我们的大多数酶都是在自然界里找到的……现在,我们则可以直接在实验室里通过基因突变来操作改进,并按照客户的规格要求来设计特定的酶……下一项主要的能力是蛋白质工程……接下来是培养出自于人类基因组定序技术的人工进化和"基因改组"(gene shuffling)方面的能力。4

假定一个客户想要找到一种方法,可以在异常低的温度下从衣物上清除油脂污渍,那么,诺维信将从遍布世界各地的生态热点区域收集可能产酶的微生物。研究人员将使用高级机器人来检测这些生物体的功能,以从它们之中找到可以产出最接近所需要的酶的那一个生物体。然后，他们会将该微生物带进实验室，分离出相关的基因后，将其植入到一种能被大量地安全生产的微生物里，然后将新的产品提供给客户。里斯高将这一业务说成是"大海捞针"（finding a needle in a haystack）——只是诺维信使用了最先进的技术迅速找到了目标。

这样的能力不仅使诺维信从它的竞争对手当中脱颖而出，而且作为一个巨大的优势也缩短了产品开发的时间。目前用于开发一种新技术酶的基准时间——包括发现、开发、审批、毒理实验、呈请备案以及商品化——是 24 个月。这一时间曾经是五年。

从在一种产品上所处的中游地位起步，诺维信已经发展成在一系列广泛的细分市场里都拥有市场份额的企业。它已经把自己从一家销售几种已知的低利润商品化产品的企业，转型为能够为一系列范围广泛的定制性应用而设计酶的企业。在这个过程中，创造出了新的、能带来更高利润率的微型市场。新的能力推进了变革。

诺维信已经在公司层面培养和积聚了能力，以提升、区分和带动与酶相关的业务。有时，你可以把处于公司层面上横跨数个行业的能力，更进一步地作为一个综合的管理系统来看待。它可以用于一系列业务，以创造独特的经济价值。这样一种系统堪称是法人股份有限公司以及私人股权投资公司的"圣杯"（Holy Grail）⑧，很少有企业能够发现或找到它。但有些企业还是做到了。一家在积聚和体现这样一大批能力的方式上，将自己与别的企业区别开来的企业是丹纳赫公司（Danaher Corporation）。

丹纳赫：在提升绩效或表现上发现可重复性。1987 年，丹纳赫还是一家拥有 6.17 亿美元收入的工业公司。几乎所有的业务都集中在工业工具的生产上。现在，该公司已经转型。从 1987 年到 2005 年，其收入以每年 16% 的速度增长至 79 亿美元；利润的增加导致净收入达到 8.98亿美元；股票价格涨幅逾 5 000%，成绩优于股市五倍以上。丹纳赫已经完成的这一转型,不是侧重于一个单一的核心,而是通过创新一个容许它向六个战略平台和其下的 102 个子单位扩展的模式。这些平台跨越广泛的工业应用范围:从电子测试到环保服务。

　　丹纳赫转型背后的支持力量是一种用以确定并购目标、执行和实施并购任务并带来附加价值的可重复的模式。我们对从事高频率并购的企业的研究工作显示,那些实施许多小到中等规模并购的企业,具有截至目前最高的成功纪录。从 1987 年到 1995 年,丹纳赫每年平均完成一个半规模约为 8 000 万美元的并购项目;这之后,该公司以每年超过六个的速度实施并购,规模平均为一亿美元。

　　丹纳赫在实施企业并购时,专注于如下五个主要标准:拥有特定的专属市场的缝隙企业;在核心业务上占有领导地位;与已确定的战略平台有一致性;中等规模;以及具有赚取回报的空间的并购价格。并购时,每一家公司都被置于所谓的"丹纳赫业务系统"(Danaher Business System)之下。该系统是丹纳赫管理层对分析师们所详尽解说的、该公司增长战略里的一个核心支柱。这个系统对一家这样的公司来说至关重要:在股票有着非凡表现的这一时期,它的那些并购已带动了 50% 以上的增长。

　　"丹纳赫业务系统"分为几个阶段和层面,其中包括生产力的提高、采购技术、量度、控制和价值体系。迄今为止,它已被证明不仅是可重复利用的,也始终如一地创造着价值,并成了令其他许多渴望通过获取新的核心来实现自我转型的企业所羡慕的对象。

　　然而,很少有公司业已达到了这一绩效或表现水准。而通过磨砺它们用以添加和管理一系列"半相关"(semirelated)核心的能力,来达到这一绩效或表现水准的公司就更少了。丹纳赫是极少数这样的主要企业之一:它们已经设法成功地完成了许多公司都渴望去实现的目标。其他在其增长期已经做到了这一点的公司,还包括:艾默生电气公司(Emerson Electric)、威士伯公司(Valspar)(工业涂料)、美敦力公司(植入式器械)以及强生公司(Johnson & Johnson)。而那些渴望得到用于多样化发展的、一种可重复利用的模式的企业则包括:克瓦纳公司(Kvaerner)⑨、马可尼公司(Marconi)、维旺迪公司(Vivendi)、格雷斯公司(W. R. Grace),以及全球所有大企业集团(conglomerates)的"始祖"——哈罗德·吉宁(Harold Geneen)的 ITT 工业集团(ITT Industries)⑩。

那么,底线究竟在哪里呢? 要格外当心。如果你认为自己已拥有了一种能改进所并购企业的、可重复使用的企业能力,那么,请不要如此肯定。这种战略对一些企业而言无疑已显示出了它的强大,但对许多别的企业来说,却是充满预警意味的海妖之歌⑪。首先要使自己信服,它真的能增添与众不同的差异化价值。其次要弄清楚的是,在人人都在试图做同样的事,而又很少有人成功的情况下,那样一种附加值的实现,如何能成为可能。

宝洁:经由客户能力实现复兴。宝洁公司在其首席执行官雷富礼(A. G. Lafley)的领导下,通过深度借助在公司深处发掘出来的未尽其用的能力,完成了一次令人印象深刻的复兴。这些能力便是对消费者行为进行分析,以获取引领和规约产品开发的独特识见(unique insight)的技能——就这方面而言,宝洁公司在消费产品的许多领域都独得风气之先。它已初见成效。自雷富礼于 2000 年接管以来,宝洁公司的股票价格(上涨了近 125%),已增长得比标准普尔指数(S&P index)高出近三倍。在 1998~2001 年期间,该公司眼瞅着其营业收入(operating income)从 60 亿美元下降到了 47 亿美元;到了 2006 年,又反弹到了 132 亿美元。这对于一个拥有 170 年历史的企业来说是令人印象深刻的。更何况,它所处的一组市场的平均增长率,反映的是美国国内生产总值(U. S. GDP)3%(左右)的年平均增长速度。

例如,可以考虑一下宝洁的口腔护理业务的更新重建,以及它如何改变了处于下降趋势的、非领导地位的业务处境。前牙科产品业务总裁迈克尔·基欧（Michael Kehoe），评论了其佳洁士（Crest）生产线的恢复过程——从丢失市场份额给高露洁（Colgate）到以较高的两位数字（high-double-digit）的速率增长。认为其针对市场的战略是建立在多种品牌及以消费者为本（相对于以产品为本）的方式之上的：

> 我们过去曾经变得过于狭隘，仅仅局限于主观地关注于我们自己对市场和消费者的看法和感觉。竞争对手们则都在重新界定整个产品和市场门类，并向化妆品和具有美白及清新口气等益处的产品、新的基于健康因素的牙膏以及有漂白作用的过氧化氢产品等方向推进。其结果是它们的成长比佳洁士要快得多。我们在20世纪90年代末恶化到了最低迷的地步。
>
> 我们更新重建的关键在于通过一系列具体的方法和工具，变得更加以消费者为关注重心和导向，同时拓宽有关我们的品牌究竟代表什么的界定，以使我们得以围绕着一整套全新的消费者需求来进行创新。现在，我们把消费趋势和行为，而不是产品，看做战略的核心。我们相信，我们在了解消费者的方法上已经达到了最佳的状态。因而，我们能以最好的方式和效果，获取与牙膏、洗漱染产品（rinses）、美白产品相关的战略反馈信息，然后着眼于将它们尽早地投入市场。这是来自于不断建树那些能力的一种竞争优势。[5]

全公司范围的能力可以以多种形式出现，往往难以察觉和验证。但是，当它们出现了，它们就能成为企业重新界定的强大力量。你已见过的三个例子显示了这一点能够发生的不同方式或途径。诺维信公司开发了将新的科学予以引入，并使其在所有的业务平台上商业化的出众能力；丹纳赫公司则发现了自己拥有一个管理系统的组成要素——它可以将其提炼、编码,并应用到那些有具体明确的预测轮廓,随后进行并购和完善的企业上面;在某种意义上,宝洁公司重新发现和更新了其深度了解客户的核心能力,一种曾经是公司的标志性特征的能力。这些能力成为了基于一个更加以客户为中心的新战略所展开的、对其包括牙科产品业务在内的一些业务单位的更新重建的关键。

如前所述,以往未开发的能力,在一个增长速度逐渐放缓的企业的蜕变调整过程中发挥重要作用的方式,至少有三种。我们现在就来看看其中的第二种。

通过隐蔽能力重新界定:改变商业业务模式

未经开发的能力的发现及其与新能力的结合,能够给你向客户交付些什么及如何去操作带来相应的变化。

波士顿科学:能力的链式反应[12]。随着医疗技术的提升和进展,微创手术(LIS)[13]在部分医疗界里,已经成为流行了 10 年以上的"口头禅"(mantra)。用于这些众多程序的突破性产品是可导向导管(steerable catheter),最终是球囊导管(balloon catheter)。这是一根长塑料管,里面含有具备一定硬度的导线,有时会有一个尖头,像一个小的可充气气球。导管可以从一个小切口引入人体,然后用来疏通一条堵塞的血管。

这种可导向导管是波士顿科学公司[Boston Scientific(BSC)]研制的首款产品。该公司于 1979 年由约翰·埃伯利(John Abele)和彼得·尼古拉斯(Peter Nicholas)创立于马萨诸塞州。自那时以来,该公司处于最热门的医疗市场许多主要产品的最前沿达数十年之久。随着时间的推移,该公司将其可导向导管的使用,扩展到了心脏、血管、呼吸系统、泌尿系统以及其他的内部应用。通过这些发展和一系列并购,到了 1997

年,波士顿科学公司已经将其收入扩充到了约19亿美元。其当年中期的市值则超过了120亿美元。

但地平线上总有预示暴风雨即将来临的乌云。1998年,该公司经历了一次代价昂贵的产品召回,又被一项会计争议所困扰,并连续第二年没有达到其预定的利润指标。在历经了数年的困境之后,该公司的市值到2000年年底,将会大跌50%以上。

然而,吉姆·托宾(Jim Tobin)作为一个新的首席执行官,已于1999年加入了该公司。在这之前,他曾担任百健公司(Biogen)⑭的首席执行官。作为最受尊敬的高级主管之一,他也曾经在百特国际公司(Baxter International)⑮长期任职。托宾及其团队很快就开始明白他们所面临的局面。该公司所需要的是被托宾称之为一个"新战略方法手册"(new playbook)的东西。在过去曾推进该公司前行的能力——产品专注,选择和实施小的、相关联的并购的能力,以及它在微创手术方面的深度知识,在一个更复杂、竞争更激烈的世界中已不够用了。

具体而言,该公司面临着三项正在增大的、有一定隐蔽性的"负债"(liability)。首先,波士顿科学公司相对于新兴的竞争对手如强生公司(Johnson & Johnson)而言,规模不够大(subscale)。其次,波士顿科学公司在生产和运营方面成本高;前10年巨大的产品流曾经创造了高利润产品,伴随着降低成本的有限压力。因此,现代制造业的最佳做法其实是不存在的。现实是面临着困难重重的市场,越来越大的负债。第三,波士顿科学公司的财务状况并不支持与其竞争对手相抗衡的研发努力。应该怎么办呢?

自2000年以来,波士顿科学公司已经掀起了三波战略行动浪潮。不仅每一波都建立在前一波的基础之上,而且每一阶段的规模都比以往的更大,也更大胆。第一波将经营重组(operational restructuring)和致力于卓越制造(以及研发再投资)的运动,结合在了一起。第二个阶段涉及了药物洗脱支架（drug-eluting stent）的开发和向市场的成功投放。该支架系内置导线和药物浸渍塑料的一个短管，能够提高心脏手术中支架的性能。第三个也就是目前的这个阶段对佳腾公司（Guidant）的并购。该公司是心脏节律管理方面的领跑者之一，也是波士顿科学公司核心的介入性心脏病学业务的参与者。

作为曾完成的最大的医疗并购活动之一，波士顿科学公司在经过与强生公司的竞标大战之后，于 2006 年用 270 亿美元买下了佳腾公司。在这个过程中，一个增长看起来停滞在 2000 年的 26 亿美元收入水平（相比前一年度 6％的跌幅）之上的较小的从业者，在其心血管外科手术和介入性心脏病学等核心市场上，已跃入了作为世界领先企业的地位。

究竟是什么导致了这一链式反应？正如任何一个错综复杂的故事中的情形，这其中包含了很多的因素。不过，当我追溯到了链条的第一个环节，通过与主管人员进行讨论，我至少找到了一条根本原因：托宾和他的团队确定和区分了优先次序，成功地对生产设施进行整合，并将世界一流的生产制造及工艺流程（process-flow）能力引入了公司。其影响是快速而又令人印象深刻的。尽管处在一个高度竞争的环境中，其毛利润（gross profit）的百分比（工厂成本和人工之上的收入），还是从 65％上升到了 69％。波士顿科学公司将这整个的利润增值投向了研发：不仅将研发从占收入的 9％扩大至 12％，而且将研发的支出从 1998 年的两亿美元，推向了 2002 年的 3.43 亿美元。此外，管理团队还把该项支出的范围进一步压缩和强化，使其得以投放在更少数的优先选择——特别是新一代的心血管支架——之上。

研发支出被证明是有效的，特别是当与突然间发现的一种隐蔽资产相结合的时候。通过 1998 年对施耐德全球公司（Schneider Worldwide）的并购，波士顿科学公司获得了医疗设备专用的、一种被称为"SIBS"的苯乙烯类塑料的使用权。波士顿科学公司的测试证明这种材料符合下一代支架的要求。

在下一波产品中,用于阻止疤痕组织逐渐增生的药物,被注入到了支架壁上[当疤痕组织形成阻塞时,支架可能会关闭,从而需要冒风险再次手术。药物洗脱支架则大大地减少了这种窄化现象(restenosis)发生的可能性]。相关的一组精细要求包括:对人体的无反应性、耐用性、适应性、约束药物于其结构内的能力以及最重要的稳定而缓慢地释放那些药物的能力。这是波士顿科学公司于 2004 年 3 月投放美国市场的紫杉(Taxus)⑯支架的一个关键性要素。该产品大获成功,在仅仅两个月之内,就以 70% 的市场份额成为市场的领导者。

然而,托宾及其团队为波士顿科学公司带来的、在制造方面的运作能力,释放了用以开发新的支架,以及用以发现从施耐德公司接收来的隐蔽资产(在并购时由于没有明确的用途,其账面价值已被降记为零)的效用的研发资源。

一些观察家曾将紫杉支架的推出视为历史上最为成功的新医疗产品的投放。在问世的头四个月里,它就带来了 14 亿美元的销售额。至 2006 年年初,紫杉占了波士顿科学公司 60% 的经营利润,并在帮助将公司的收入从 35 亿美元增加到 63 亿美元的同时,将其市值推至登峰造极的地步。

波士顿科学公司战略的下一步动作目前正在展开。对佳腾公司的并购既引来了赞扬也招致了争议:最初,它被广泛称许;但之后不久,它便又受到攻击——适逢波士顿科学公司遭受了一些挫折,这一切是由佳腾公司心脏设备的召回,以及人们对药物涂层支架(drug-coated stent)与更高的血栓发病率之间联系的关注所导致的。尽管如此,这一并购还是把波士顿科学公司变成了世界上第二大医疗设备公司。与之相伴随的是它在某些最快速增长的医疗市场上的一系列产品中的领先地位,包括外科支架和心脏节律管理产品。这一庞大的、转型性质的并购将会如何经济地进行到底,正处于人们关注的焦点。不过,它也是被这里所描绘的能力驱动型支架战略赋予了条件或可能性。

波士顿科学公司展示了世界一流能力的注入是如何从 2000 年至 2002 年间引发了一场链式反应:强化并释放了核心业务内的资源,推动了一项重要的新的增长倡议,使对佳腾公司的并购成为了可能。这些举措催生了一家完全不同的、具有更大潜力的企业。

通过隐蔽能力转型创建一个新的核心

我们已发现,一个公司的复兴可以来自于大量发展新的核心业务——通过利用现有的、被证明可在新领域里加以延展的能力(同新近购进的能力相结合)。这是利丰公司(Li & Fung)的转型——从作为一个贸易公司起家,到成为亚洲物流管理业的领军者——中所经历的连续不断的变革浪潮所证明的一个事实。此外,这在许多例子中都得到了印证,其中包括:珀金埃尔默公司从一组分散的产品和能力起步,建立起它的新的生命科学核心的方式;苹果电脑公司(Apple)的案例——当今被最普遍地关注的企业业务复苏的故事之一;以及作为德比尔斯公司业务单位的"第六元素"公司——它的组建是为了开发利用在工业用合成钻石方面,已被积累了超过 50 年的一种主要能力。

苹果公司基于 iPod 多媒体播放器的成功以及 iTunes 网站(可下载音乐和视频)的运营之上仍在进行中的复兴,就是有关一种能力的新组合如何能够为一家公司创建一个具有转型潜力的核心的一个例子。

苹果公司的新核心。因其出色的产品,苹果电脑公司已被消费者普遍接纳,乃至被理想化地追捧。然而,其财务上的成功多年来却一直好坏参半。从 1995 年到 2005 年,苹果电脑公司的全球市场份额已经从 9% 下降到不足 3%。尽管 iPod 音乐播放器于 2001 年推出,苹果电脑的股价却已委靡了 15 年。这使得该公司 2003 年的市值等同于它早在

1987 年就已达到的水平。在 1993 年至 2003 年个人电脑的增长期里，尽管进行了一连串对创新产品的尝试性努力［NeXT 电脑工作站系统⑰的购进，牛顿牌（Newton）手写笔驱动（pen-driven）个人数码助理（PDA）⑱设备的开发，等等］，苹果电脑给股东的总回报只有 4％，其股本回报率在 2000 年是 2％。

然而，从 2003 年起，随着 iTunes 网上音乐店的推出，iPod 播放器的销售额开始剧增。到了 2005 年 6 月，苹果电脑已席卷了便携式 MP3 播放器 70％的市场份额。远远高于 2003 年第一季度的 12％。在不到两年的时间里，iTunes 音乐商店已夺取了音乐下载市场 85％的份额。该市场预计将以每年 60％的速率增长，直到 2008 年。而苹果公司的市值则由 2003 年 6 月的 70 亿美元，暴涨至 2006 年 3 月的 550 亿美元。

音乐业务现在占该公司总收入的近 50％，利润的 40％。尽管它绝非完美，尽管潜存着从微软到手机制造商的众多强大的竞争对手，但它还是具有重新界定苹果公司的潜力。苹果公司的核心优势——设计、品牌管理、消费者用户界面以及简捷、易用的软件——的密切观察者们，将会意识到其既往的历史性核心能力再度汇聚在一起，一如在许多其他的产品里，以及在 iPod 播放器及其后续版本中所体现的。

使苹果公司转型的新能力和催化剂是什么呢？是其获取内容使用权的先发制人的能力——通过开发 iTunes 音乐商店，并就付费的合法的互联网下载事宜率先与四大音乐唱片公司签约。苹果公司还通过其名为"公平竞争"（Fairplay）的软件，开创了一个功能出色的数字版权管理方法：凭借该软件的设置，从 iTunes 店里购买的音乐只能在 iPod 平台上播放；与此同时，唱片公司得到一个高度可管控的版税流，占 iTunes 店收入的 80％。iTunes 店和 iPod 播放器这种共生关系，已使得这两种产品一起流行开来。同时也创造了一个独特的市场进入壁垒：随着 iPod 播放器销售量的激增（2006 年已售出了超过 3 900 万件），以及

iTunes 店音乐下载量的增长（以每天 100 万的速率），从一个系统向另一个系统转换的成本也开始增加。这使得消费者不愿意随便更换播放器或同时使用多个下载服务。

在一份关于苹果公司振兴的研究文件中，摩根大通作了如下报告：

> 直到苹果公司开始把 iTunes 音乐商店与 iPod 播放器捆绑在一起，该模式才真正奏效。事实上在音乐商店推出之前，苹果 iPod 播放器的出货量还称不上壮观或惊人，平均每季度只有 113 000 件。然而，在 12 月份所处的这个季度里，继捆绑推出之后，苹果公司出货 733 000 件，比前一年增加了 235%……苹果公司创造了一个被极大地需求的解决方案。它迫使拥有更多研发预算的较大规模的公司，为了能够跟上步伐匆忙地建立伙伴关系。[6]

到目前为止，对苹果公司而言，以 iPod 播放器为基础的音乐战略已经具有转型意义。这是这样一个战略的范例：从一个不能提供足够增长潜力的核心（电脑）脱离，迈向一个新的利润空间。早期的 MP3 播放器复杂而难以使用。苹果公司不仅改进了软件，而且还创造了易于使用的网上在线下载平台 iTunes。而最重要的是，它将消费者的产品体验安排得很独特：如果你的 iPod 播放器坏了，你可以随时上网通知苹果公司寄送一个装有泡沫材料和标签的货运箱，用以装运待返还的 iPod 播放器。当你收到一个新的 iPod 播放器时，只需将其简单地连接到电脑上。在几次鼠标点击之后，iTunes 平台就会帮你复原以前的内容和设置。

然而，为了实现这一壮举，苹果公司不得不去获取数字版权管理和音乐方面的新能力。事实上，苹果公司在过去 10 年间创造的所有价值，都可以归因于隐蔽的或开发不足的资产，以及它所购进的新的关键能力（图 5-1）。

图 5 - 1　苹果公司购进和开发的重大新能力

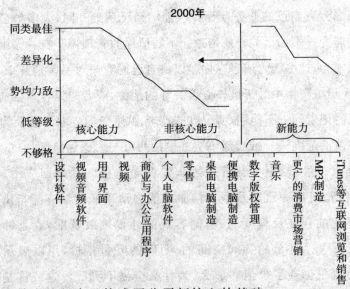

……其中的很多已构成了公司新核心的基础

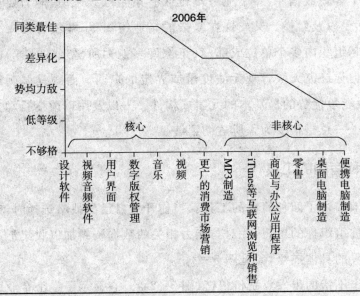

评估自己的能力

当日常经营自己的业务、产品线、部门乃至房地产时，大多数公司对它们自己的能力并不那么关心或留意。不妨请你的管理团队在一张纸上列出三到四项能力，这些能力或者在你赖以将自己同竞争对手区别开来（所谓差异化）的质量或资格中处于最核心最关键的地位，或者能为客户创造最大的价值。同时记着问一下他们，情况在未来将如何变动。你可能会为他们的答案所涉及的范围——或犹豫不决或模棱两可——感到惊讶。

根据我的经验，很少有管理团队能在对这些问题的回应中，提供一份条理清晰、连贯一致以及令人信服的能力清单。更罕有能指出可证明竞争差异化的存在及程度的、明确客观的外部绩效基准，或是针对处于价值链上每一个环节的利润空间的、明确的度量指标，用以展示那些能力究竟在哪里创造了价值。那么，为什么会做不到呢？这或许是因为相比于一个客户数据库、一个业务单位或一条生产线来说，能力要更难于观察、感受以及触摸。又或许在复杂的企业组织里，并没有谁来直接对一种跨越组织内多个单位或部门（正像许多能力所呈现的那样）的能力负责。但你终究无法管理无法度量或界定的东西。而颇具讽刺意味的是，组成竞争优势的最基本的元素或构件——以及用以改变行动方向的催化剂——总是很少为人所透彻了解。

四种有用的工具

本节描述了四种简单的工具。当你开发自己的战略选择时，它们可以帮助你组织你的思想，并对与能力相关的数据资料加以收集汇总。对这些工具的具体描绘，参见图 5-2。

一个不错的出发点是价值链（图 5-2a）。它显示了一个企业所从事的旨在给客户提供价值的每一项重大活动。图 5-3 是一个典型的价值链的扩大版,它展示了我们所发现的 20 种主要活动类型。

图 5-2 界定核心能力:基本方法

a.有哪些能力?

价值链

| 设计 | 销售 | 营销 | 制造 | 物流 | 服务 |

能力:
- 第一种能力
- 第二种能力
- 第三种能力
- ……

b.与非核心相比,哪些是核心?

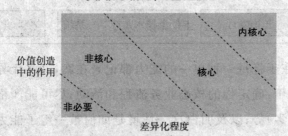

内核心

价值创造
中的作用

非核心

核心

非必要

差异化程度

c.与竞争对手相比较,它们情况如何?

核心能力	基准:与竞争对手或外部相比					差距大小
• 第一种能力	++	+	0	-	--	
• 第二种能力	++	+	0	-	--	
• 第三种能力	++	+	0	-	--	
• ……	++	+	0	-	--	

d.投资计划是什么?

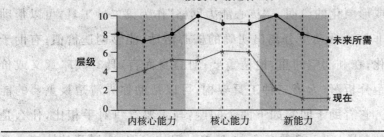

层级

未来所需

现在

内核心能力　　核心能力　　新能力

图 5-3　价值链可用来对能力进行分类

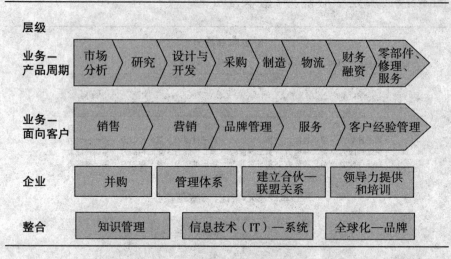

层级

业务—产品周期：市场分析 ＞ 研究 ＞ 设计与开发 ＞ 采购 ＞ 制造 ＞ 物流 ＞ 财务融资 ＞ 零部件、修理、服务

业务—面向客户：销售 ＞ 营销 ＞ 品牌管理 ＞ 服务 ＞ 客户经验管理

企业：并购　管理体系　建立合伙—联盟关系　领导力提供和培训

整合：知识管理　信息技术（IT）—系统　全球化—品牌

　　问题不在于将每一种单一的能力都记录在案，这将无异于添乱。相反，价值源自于：确定你的核心业务流程和活动；尽可能严格地描述你在何处处于优（劣）势；以及明白这一情境是如何被一组子能力——竞争优势的"皇冠之珠"（crown jewel）——所推动的。

　　图 5-2 所显示的四种工具虽然概念简单，但却可能难以开发，难以达成一致意见，或难以用数据资料论证或说明。然而，为校正你的战略而准备的这项演练的结果，可以证明对答案是极其重要的。正如上面所说，"价值链"是如下这项举措的一个良好出发点：对企业的主要活动和潜存于它们之下的能力，以及价值和差异化素质赖以存在的数据资料，予以直观或形象化的说明。"核心能力网格"作为第二种工具，可以帮助你从那些非核心活动里分离出明确的核心活动（能够创造价值；有助于推动差异化；在利润空间里，地位重要；对自身而言，具有战略意义或价值）。"差距分析"作为第三种工具架构，可以帮助你弄清楚最重要的能力的状态。它有助于回答如下两个问题：与主要竞争对手相比，什么是你的能力的差距（正面还是负面）？随着时间的推移，它展开的轨迹会是

什么(扩大还是缩小)? "能力投资计划"能够帮助你识别那些你需要购进或需要通过投资予以强化的能力。

界定你的核心能力

一旦你已界定了自己的价值链,便可以询问以下七个问题,以辨识和描述你的核心能力:

1. 从客户的角度来看,哪些步骤能带来最大的价值?

2. 哪些步骤与最大的一些利润空间相关联?

3. 处在价值链上最重要的部分中的能力是些什么?

4. 我们在哪些能力上与竞争对手们有着最显著的差异化? 为什么如此?

5. 我们有多少利润是由这些竞争差异化带来的?

6. 我们能够度量这一优势及其发展轨迹(是在增大还是减弱)吗?

7. 这一局面将来可能会怎样变化?

这四份图表合在一起可以为你的能力提供有价值的写照。汇集这些零星部分的过程,必然会激发思路,提示新的战略选择,或把对一些已知选项的要求更清楚地显示出来。

一家欧洲公司,在正面临着日益迫近的增长极限处于整合状态下的低增长市场中,拥有稳固强大的业务组合地位。然而,该公司获得了大量的现金流,并在过去通过进入新的相关产业或业务,或通过在缝隙市场上大量培育次级核心业务,总是能够赚取颇具吸引力的回报。目前这些状态虽然存在,但在即将临近的未来里,它们似乎要比以前出现得少了。

该公司作出了"三管齐下"的努力（three-pronged effort）。第一个方案对创设一个或更多新核心的所有已知的可能性进行了辨识。第二个方案采用了一个与在这里所描述的相类似的程序来确认企业内部最重要、最具差异化的能力。同时，对它们有可能在哪里再被应用加以考察，进而将这些居于领导地位的优势向新的领域延伸和投射。这些列表或清单随后被放在一起，并通过一系列的甄别标准或方法（利润空间的大小、差异化程度、与现有核心的关联性、实施的难度以及潜在的进入形式）来进行筛选和过滤。管理团队最终确定了三个领域的进取机会。该公司目前正在实施这一战略。其最终目标是重新界定其投资结构与轮廓，并更新重建核心的增长。

我们一些案例研究的要点简述显示，战略的重新界定可以在价值链的任何一个环节被尚未开发利用的能力所引发。其影响或作用的幅度和力度，则有赖于客户的详细信息和产业的利润空间。例如，不妨考虑一下 20 种类别中的少数几个：

● **物流。**作为中国人出资的最早的贸易公司之一，利丰公司（Li & Fung）成立于 1906 年。主要专注于诸如丝绸、玉石、象牙和烟花一类产品的出口。然而，贸易公司的概念最终达到了其可持续性的极限。该公司需要彻底改造———也实际上被该公司创始人的第三代后人冯国经（Victor Fung）和冯国纶（William Fung）改造了。他们意识到，利丰拥有一项隐蔽资产，那就是对遍及整个中国的广泛而复杂的迷宫般的专业制造工厂的熟识和了解，以及独特的接触渠道。在过去的 25 年里，利丰已经变成了全球处于领先地位的物流管理公司之一———建立在一组曾经开发利用得不够充分的能力之上的一个非凡的转型。这是一个典型的教科书式范例：一家小公司基于对该公司过去最具差异化的能力的洞察和识见，加上同样强大的有关利润空间和客户需求未来将会向哪里调整的直觉和本能,对自身实行了彻底的重新界定。

● **市场分析**。宝洁公司的更新重建同样堪称一个范例:一家庞大而复杂的公司,扭转了其业绩表现并重新令其战略专注于基本因素,令未尽其用的有关消费者识见的能力向中心舞台复归。新的首席执行官曾花费其大部分生涯致力于诸如汰渍(Tide)这样的核心品牌,以及从旧品牌中寻找隐蔽资产,最终才认识到了能力的重要性并确信有些能力甚至存在于企业层面。

● **管理体系**。丹纳赫公司赖以成为大多数多核心中型企业美慕对象的可重复战略,大部分可追溯到被称为"丹纳赫业务系统"的嵌入能力。该公司已经证明,这一系统对某些类型的产业并购的表现具有可靠的影响。在其并购战略大张旗鼓之前,这套管理能力的潜力并不明显。需要靠测试、不断的改进以及重新界定来开发它。

● **财务融资**。通用电气资本公司了不起的故事有着多个来源。其中最重要的一个是帮助客户为购买和租赁通用电气公司制造的产品——始于家电用具,然后再过渡到工业产品——融资的一种内部能力的开发。这一真正隐蔽的能力之所以最终被杰克·韦尔奇和他的团队找出来,是因为它虽然小却是该公司最具赢利性的组成部分之一。他们探讨了如何才能将其做大做强的问题,结果发现在一个高度松散的市场上,他们能把这个做得同别人一样好。

● **(产品)设计与开发**。诺维信公司长期的赢利增长轨迹可以作为有关如下两类能力的一个故事来讲述:那些未经开发的(运用最初的酶产品知识去寻找其他具有商业活力或可行性的酶的能力),以及那些随着科学的向前演化发展可不断被添加到组合中来的能力。能作为首家添置这些能力并对其进行商业化处理的企业,无疑是一个竞争优势。如下的能力其实自始至终是存在着的:把一项单一产品业务转化为一家拥有可以攻取一系列专属市场的模式的企业。但它在被其首席执行官及团队认识之前,又是未被认可的。

● **服务**。在这一竞技场上,让我们再次看看IBM的再造。它的起源是:由一个拥有活力的小型服务业务引导其新首席执行官,将之确认为一组可以从支持性的角色向中央舞台移动的能力。对它的潜力的认识是在首席执行官办公室和该业务单位的热心分子之间的直接讨论中呈现出来的。

购进能力

通常,获得一组缺失的能力的最佳办法就是购进它们,特别是当它们难以从无到有予以构建,以及如果所处的行业正在迅速演化和发展时。生物技术是这样的一个例子。

这正是制药企业罗氏公司(Roche)所面临的局面:其风险性的生物技术并购充当了公司转型改造的催化剂。罗氏公司购买了生物技术领域的领先企业基因泰克公司(Genentech)60％的股份,以及作为聚合酶链反应技术关键性专利持有者的西特斯公司(Cetus Corporation)的主要资产[巧合的是,当购买爱普拜斯应用生物系统公司(Applied Biosystems)时,珀金埃尔默公司也获得了同样技术的要素⑲]。在购买基因泰克公司时,罗氏公司首席执行官弗里茨·格贝尔(Fritz Gerber)这样说过:"这是用很多的钱赚得很微薄的利润;但同时也是用很少的钱,获得如此出色的研发。回报将远远优于我们把这笔钱用在自己的研发活动上。"[7]

并购完成后,罗氏公司并没有干预基因泰克公司的战略,而是将其新的"战利品"视为一种可以从中提取(或添加)科学和理念的能力。即便随着它继续增加其持股量直至最终将剩余股份全部买下,罗氏公司也一直保持着这一做法(罗氏后来将所持该公司股票的一部分公开发行,使得基因泰克公司得以在纽约证券交易所再度上市交易)。

拥有基因泰克公司和西特斯公司的资产,提高了罗氏公司对诊断学和医药学在分子生物学基础上的日益趋同或会聚现象(convergence)的认识。举例来说,该公司意识到以生物技术为基础的Ⅱ型肝炎(type 2 hepatitis)药物,只对30%～40%的病人有效。为了弄明白预测哪些病人将会或将不会对治疗作出反应的这一机制,医生们需要针对生物标志物的分子水平进行诊断测试,这是一门与药物学本身密切相关的科学。在生物技术的世界(相比于传统的制药业,疾病机制在这里是产品设计中更为基本的构件)里,诊断学和治疗学的联系要密切得多。

了解了这一点,1997年,罗氏公司决定通过购买曼海姆伯林格尔药业集团(Boehringer Mannheim)来建立其诊断业务,以在诊断系统和产品方面成为世界的领导者。虽然罗氏公司购买曼海姆伯林格尔主要是冲着后者的营销实力,但该并购也为罗氏公司在增长得最快也最有前途的诊断细分市场(药物基因学、基因测试领域和分子诊断)上,提供了立足点。现在,罗氏公司是这一新兴市场明确的领军者,也是目前为止为了创造一个新的极具前途的核心而将诊断学和生物技术能力的单独购进结合在一起的一个案例。

当罗氏公司出售了其原有的非处方药(over-the-counter drug)业务(其渊源可追溯至1896年),以及处于市场领先地位的维生素业务后,其核心的转型已经完成。在名列前20位的制药公司中,罗氏公司排名生物技术方面收入的前三位——约有50%的药品收入来自生物技术。自1990年以来,其收入年增长9%,营业收入(operating income)年增长13%,将其市值推高至1 100亿美元,超过2004年年底公司收入的四倍。

结构性变化使得罗氏公司的利润率翻了一倍,增长至23%。分析师们预测,随着罗氏公司对其丰富的新产品渠道的利用,其利润将会持续增加。事实上,罗氏公司前后对比鲜明的"快照",已经被分析师们称为"该产业部门最好的基本面故事"(the best fundamental story in the sector)。它反映了如下这样一些作为的威力:在能力上先发制人地进行投资;对能力进行组合以创造核心之内的新的可能性;以及摆脱掉不再适合于新的关系状态的业务和能力。在这个例子整个 16 年的跨度里,罗氏公司已经将其市值增加了 13 倍——相比于标准普尔制药公司指数(S&P index of pharmaceutical companies)的四倍,以及整个标准普尔 500 指数(S&P 500 index)的三倍。

在我们长达 10 年的《财富》500 强企业研究中,与核心的重新界定相关案例的 80% 以上包含了并购。那些案例的介乎 5%~10%(取决于如何界定)涉及了一些重大的新核心———如罗氏公司的例子里所展示的,它们改变了企业核心的性质——的添加。在本书所使用的 25 个详细的案例研究中的 16 个里,并购也被显著地包括了进去。

然而,在这 25 个案例研究中,只有两个包含了具有如下意义的并购:在企业里创造了与原来的核心截然不同的、庞大而独特的新核心,并被打算用来构成下一波转型的平台。这两家的第二家是大世界百货公司(GUS)。它对阿尔戈斯(Argos)零售连锁店的并购被证明是新核心——它导致了整个集团的转型改造(见本书第三章)——开发的关键。而包含了与原先的核心并存,但所起转型作用相对较小的其他四个案例则分别是:利丰公司并购英之杰采买服务公司(Inchcape Buying Services)(其规模因此扩充了一倍),耐克公司通过并购科尔哈恩(Cole Haan)进入更广泛的鞋类市场,安飞士公司通过并购巴杰特公司(Budget)跃升至机场租车服务业的首席位置,以及 IBM 在服务业进行的重大并购,如购买普华永道咨询公司(PwC)[20]。

另外 10 个案例涉及一系列规模较小的并购,旨在获取为企业转型——而非一个即时独特的新核心形成——所需要的能力。通过这种方式的并购来添加能力，具有将以前遥远的邻接市场机会拉近到触手可及的效果。而一连串这样的举措能够重新界定一个企业的战略。

通过能力重新界定的陷阱

我们所研究的有关重新界定的例子不到 20%，使用了许多过去不被重视的能力（可能要再与几种新的进行组合）作为新战略的主要驱动力。剩下的 80% 以上，则从一个开发不足的平台（本书第三章）或从对其核心客户服务模式的一些基本元素的重新设计（本书第四章）上，来获得它们的主要推力。然而，几乎在所有这些案例里，能力都能在重要的配角里被发现——即便很少在主导的地位上被发现。

通过开发或利用得不够充分的能力，或通过未经开发或利用的新旧能力的组合来重新界定，会遭遇一些困难和陷阱。我们注意到了五个这样的陷阱：

- **高估自己的能力。** 原因：错误的基准和企业的孤芳自赏。
- **低估培养一种新能力的挑战。** 原因：缺乏对什么是世界一流的足够意识，一项不够积极进取的投资计划。或许，相对于三星公司和苹果公司而言，索尼公司在某些消费产品领域内引人注目的战略性失败，能被索尼公司开发得不够充分的软件能力予以解释；又或许错误判断了企业重组所需付出的巨大努力。
- **培养错误的能力。** 原因：对未来需要的能力水平有失动态性的思考，对竞争对手们在能力方面所作出的投资没有给予足够的重视。沃尔玛战胜凯马特（Kmart）故事的一部分，可以用前者的系统和信息能力同后者的注意力分散与投资不足的鲜明对比来予以讲述。

- **误解与核心之间的联系。**原因：低估对能力的需求，假定人们可以同时做多种工作。为图方便将工作任务拆分，但对这种策略的低效率却缺乏认识。

- **对能力的不精确界定。**原因：对真正需要什么缺乏细节上的调查和研究。从产品向服务多次的迁移尝试之所以失败是因为对各种类型的服务能力了解得不够丰富。

在所有这些案例里，对隐蔽能力及其在企业内部位置的识别，来自于对创造新一波增长方式的刻意搜寻，也来自于求变的心态。要发现或找到它们需要首先掌握作为标的物的能力在强度和有效性方面的具体数据资料。根据我的经验，一个用以找出你的能力是什么用以诊断其有效性并对任何变化都能保持警觉的、精心谋划好的程序，将会增加你窥见隐蔽资产及其必然带来的隐蔽机会的机会。

当所有其他的努力都归于失败，不妨向简单和平易回归，并同时看看是否对如下这个问题意见一致："我们最擅长的是做什么，为什么？"然后再接下来看看那能够导向哪里。

辨识核心能力如何具有尚未开发的潜力

从识别和评估自己的核心能力到确定其中的哪些能力有可能在下一代的战略中发挥关键性的作用——你将怎样进行这一过程呢？

要为未来制定战略，就需要找到以下三件事同时为真的情境：1）你的战略专注于对一个强大的、可持续利润空间的追求；2）你的战略以一种很难匹敌的方式，拥有相对于竞争对手而言高度差异化的潜力；以及3）你可以迅速实行计划且具备高成功几率。

我们为贝恩公司的委托客户所进行的一项横跨一个大样本的战略研究的近期调查显示：以上所描述的情境，是通过一项战略来实现赢利的三大没有商量余地的绝对性要求。一种核心能力可以通过如下五种方式拥有成为一项新战略关键的未开发潜力：

- **加倍投资**(Doubling Down)：对一种核心能力的重大投资，在将其提升到一个新水平的同时，可以在新的战略里把它转变为一项决定性的竞争优势来源（例如，IBM 如何在其服务业务上投资）。

- **向外延伸**(Extension)：一种核心能力，可以被扩展到一个完全不同的(新)市场或应用里去（例如，苹果电脑如何使用其设计、软件以及客户能力打造 iPod 播放器及其战略）。

- **投射作用**(Projection)：一种核心能力，能与来自于企业之外的资产相融合（可能通过一项收购），以创造某些新颖独特的东西（例如，罗氏公司如何能够利用它对基因泰克公司的并购来改进和提升其传统的制药业务，建立一个药物基因学部门，并将其价值创造的重心转向与生物技术相关的产品）。

- **优势结合**(Combination)：核心能力之一，可以与你在公司其他地方已经拥有的能力相结合，以创造某些全新的事物或景观（例如，波士顿科学公司如何在其支架战略上，将新旧两种元素结合在一起）。

- **再度提升**(Elevation)：现在已经变得比较次要或处于被淡化状态的、曾经一度强大的能力，如果被重新启用和予以突出强调，有可能推动新的战略（例如，阿普尔拉公司服务于基因定序市场的知识和专利是核心能力当中的一种隐蔽资产）。

正确的答案很少只是经由几个人在一间会议室里讨论而找到的。

通常所需要的是范围广泛的新视角或观点的交集以及与市场的直接接触。寻找未尽其用的能力并确定如何使用它们,需要企业组织多层面的参与和投入,需要一些新的数据资料(如核心能力的相对强度),以及一个有创意的程序——用以开发战略性选择并依靠所得出的与隐蔽资产相关的发现对其进行提炼。

第六章　管理企业增长周期

重新界定不容易，有时它又让人不免惊为奇事。过去谁会相信，也许一度是地球上最好的运动员的迈克尔·乔丹（Michael Jordan），会像他在试图以从篮球向棒球过渡的方式重新界定自己的体育生涯时，实际所做的那样狼狈？在乔丹最终示意结束他的倒霉的棒球生涯之后，《体育画报》（*Sports Illustrated*）这样幸灾乐祸地写道：

> 即便在一套棒球制服里的他看起来很神气；即便他是最伟大的篮球运动员……可是，这也是非常明确的：就像米尼·米诺索（Minnie Minoso）① 无权为芝加哥公牛队（Chicago Bulls）把球运到前场一样，迈克尔·乔丹也没有理由巡守科米斯基公园（Comiskey Park）的右翼外场。乔丹在棒球场上曾做过唯一最令人印象深刻的事，发生于上周五的佛罗里达州萨拉索塔（Sarasota, Fla），在他的第一次正式春训比赛开赛前不久。当到了捡拾棒球并将其放入投球区土墩上的一个篮子里时，乔丹正与其他一些白袜队（White Sox）队员们，在一块儿奇特的"钻石"——更准确地说是米尼·米纽索球场——上，进行击球练习②。让一小群人欣喜不已的是，乔丹开始用这些棒球做篮球

的后仰式跳投③。为了子孙后代和那些想念他的篮球迷们考虑,应该指出的是乔丹从相当于三分投篮线以内的位置出手的成绩为 7 投 5 中。[1]

在此之后不久,乔丹离开棒球场回到了篮球场。如果这种重新界定——一个几乎拥有超人技能的运动员,尝试一项新的运动——是困难的,那么不妨想象一下重新界定一个非超人的企业组织的挑战:它拥有被指定来履行一项需要显著改变的战略的成千上万名员工和程序。

在本书序论里,我曾提及中国的一句谚语——"置之死地而后生"。这一说法被我们考察的很多案例所印证。这些企业存活了下来并获得了新生(reborn),并至少在一段时间内由不可持续转型为锐不可当。然而,这些成功的例子却并非规律而是例外。对所有试图重新界定的公司而言,我们估计成功率大概在五分之一左右。而所有的趋势——破产、首席执行官离职及企业的平均寿命——都表明这正变得更为困难。

当问题发生时,使现有企业组织适应深刻的变革——而不是任由其凋萎和衰变——的价值可以很大。据我估计,在作为我们的例子的 25 家企业认识到有必要在其核心里作根本性的改变时,其合计的市值约为 500 亿美元;实施变革后,其市值以 10 倍的系数上升至约 5 000 亿美元。显然,开发出能有助于在其所有产品线上,设法重复性地通过"集中关注—扩张—重新界定"周期的技能的公司,将比未学习如何去适应的企业做得好很多。但它既不是一次性的,也不免费。通常,认识执行一个新战略及收获其成果的时间是三到四年④。尽管根据不同的产业和公司情况,这一时间会有很大的不同。

重大变革往往需要强大的动力。更新重建计划其中的 12 个是由为使战略恢复活力而引入的新首席执行官制定的。当 25 家企业中的 10 家——哈曼国际、神奇娱乐、利丰国际、三星、中美洲航空(TACA)、海波龙(Hyperion)、安飞士、美国运通、IBM和宾士域——开始进行广泛的变革时,都正处于或刚刚进入发生于核心里的一个危机之中。另外八家公司正逐渐陷入潜在的停滞不前的状态。其他七家看到了值得关注的更遥远的迹象。湍流是规律而非例外;很少有公司是在一帆风顺的情况下聚积起变革的动力。

用隐蔽资产重新界定的四个经验教训

我们的数据资料所刻画的形象不免有些沉郁——但却带着在黑暗的通道内,向不小心的人兆示希望的明亮光束。这一混合图景并不足为奇。过去10年里,只有十分之一的企业达到了持续性赢利增长,并且最多只能说是一般的水平。同时,随着时间的推移和增长周期更迭的加快,这一比例正在下降。当企业处于停滞不前的状态时,只有不到五分之一的公司设法振兴其增长率。而停滞不前的几率与企业的规模、经营时长和复杂性俱增。最后,面临重新界定其核心战略迫切性的湍流产业中只有约20%~25%的企业能够为员工和股东们,赢得在"集中关注-扩张-重新界定"周期中的又一轮胜利。那么,什么是一个企业能够或必须做的呢?

正如我们已经看到的,答案很少来自于业务中那些令人陶醉或麻木的、具有魔力的灵丹妙药:"大爆炸"式转型举动,对诱人的新市场的投入,对下一个大想法的追寻,或者向现状舒适的回归,寄希望于第二天早晨,所有的麻烦都会自动消失,等等。当你从所有这一切走出来,四个主要的战略主题便会从我们长达七年之久有关企业的增长、更新重建以及下降的研究里出现。这些战略对大部分的更新重建案例而言都极为重要。

首先一个主题是获得对于业务的核心(参见本书第二章所曾讨论的

核心状态诊断)的深刻认知和理解的首要性或紧迫感,与对向未知领域投入的不情愿(除非绝对必要)的结合,这是有关企业的核心或其新的、经过改进的版本仍是未来发展关键的一种莫可名状的信念。第二个主题是心甘情愿地放弃没落的业务或产品,甚至不惜收缩式增长以便能够集中关注和培育更多有前途的核心业务。这一办法在启动三星、珀金埃尔默、大世界百货公司乃至 IBM(最近出售了其 PC 业务)等企业的变革进程方面很有效果。

第三个主题是卓越的经营能力,以及对作为一个增长平台的低成本经济因素的执著。实际上,没有任何长期价值的创造或重复性的更新重建是建立于低效率的运营平台之上的。卓越的经营能力并不能取代战略,因为战略提供了一个通往未来的路线图,一种明确的客户关注或导向,一种与竞争对手们相比,你如何能被区分开来的确定性。但卓越的经营能力是商业历史上几乎所有持久重大的战略或战略复兴里的一个重要组成因素。

最后一个主题是用你已经拥有或可以轻易获得的组件,去实施更新重建。这也就是隐蔽资产的路径。本书的大部分内容对隐蔽资产的三个类别——客户、平台和能力的每一种都已逐一地予以阐释。然而,某些关键性的成功因素不仅普遍适用,而且也提供了一种适宜的方式来结束对本书经验教训的最后总结。

经验教训之一:从核心客户开始重新界定

几乎所有成功的例子都是建立在处于新战略中心的一个有关核心客户的清晰概念之上的。关注的焦点可能在重塑针对现有客户的服务模式或变换对核心客户的界定上,但它从来都与一个热门市场、一种抽象的技术或是一项突如其来的大战略的构想无关。有效的重新界定都是奠基于详细的行为模式和具体可识别的核心客户的经济状况之上的。

不论关键性隐蔽资产是一项客户资产、一个新的平台、一种能力还是三者兼而有之，这一原则都适用。

经验教训之二：欲驱动重新界定，隐蔽资产必须满足四项条件

使用隐蔽资产的成功的战略性更新重建满足如下四条准则：1）可度量的竞争差异化；2）给客户带来的有形的附加值；3）强有力（往往是新的）的利润空间；4）获取所需要的实施能力的能力。一如一次发挥良好的高尔夫挥杆的四项要领，战略更新四个要点中的每一个要单独去做，听起来都是可行的，并不那么让人畏惧或气馁。难的是同时一起做，然后再一遍遍重复。

经验教训之三：察看隐蔽资产需要新的视角

隐蔽资产的外在形式很少处于视线之内。更确切地说，是它们的潜能以及潜能可能怎样被释放没有被认知。在认知这种"隐性的存在"（hidden obviousness）方面，我们观察到两个主要的挑战：一个是打破支撑我们有关世界和自身状况的观念的心理屏障和偏见的难度。群体决策的心理学文献——例如欧文·贾尼斯（Irving Janis）所著的经典的《团体迷思》（*Groupthink*）⑤，该书对集体偏见（collective bias）和面对真相的选择性失明（selective blindness）的有害影响阐释得很出色。这些行为在压力和迅速变化的外部条件下，尤其常见并且代价高昂。这些偏见在过去曾经成功的那些集团里被放大——一个我们在一些有关灾难的故事里所曾看到过的模式。我现在相信，成功的重新界定始于正确的思维定势或心态（mind-set）。

另一项挑战是要找到能从中获得对业务及其资产的新颖视角的合适的新见解。这类观点可能来自客户、新员工或局外人。值得注意的是，一些有关隐蔽资产的最好的识见，来自于就职后首个 100 天期间的

新任首席执行官,来自于其他行业及其模式的密切观察者,或天天接触客户(但很少被征询过有关战略见解方面的意见)的第一线员工们。我们在珀金埃尔默公司,神奇娱乐公司,德比尔斯公司(观测其他的商业业务模式),以及苹果公司(打破了旧框框的新颖的产品观念)等的案例里,看到了这一切。

经验教训之四:使用隐蔽资产可能需要重新界定企业组织

本书首先是与战略而不是与企业组织、管理技能以及实施规划相关。然而,这些层面往往与战略本身同等重要。就利用隐蔽资产——那些散处在企业组织的其他地方,通常或者被低估或者被用作其他用途的因素——所构筑的一个核心业务的更新重建战略而言,企业的组织问题可能并不寻常,因而需要高级管理层时间投入得多一些。

下面是排列在一起的五个值得一问的问题。它们所针对的是我们在整个案例研究中观察到的一些关键的推动因素和抑制因素。

- 我们是否应该成立一个集中而专门的项目办公室以监督和推动变革的进程?
- 我们怎样才能确保随着我们开始进入新的疆域,能不断学到新东西并调整前进的方向?
- 我们行业的湍流状态是一场普遍的提速的征兆吗? 我们怎样才能提高新战略下的决策速度呢?
- 什么改进的能力是实施所需要的? 获得它们的计划是什么?
- 就新战略和使其成为可能的资产而言,需要作出哪些重要的决定? 这些决定的作出应该与以前不同吗? 怎样做到?

回归核心

这一章将结束我有关企业如何寻找新的赢利增长来源的系列探讨。《回归核心》作为该系列的第一本书,探讨的话题是战略性集中关注或聚焦,描述了企业如何看起来具备所有赢利增长的要素,却不知何故迷了路。第二本书是《从核心扩张》,该书着眼于把业务边界一步一步地向邻接区域扩展的企业,用以寻找围绕着核心业务的增长机会的各种方式。长时期的邻接扩张可能会带来真正的业务转型。这就像人从童年到成年的逐步成长是某种总会令做父母的大感惊奇的事情——不知不觉这一切竟然全都发生了!

本书则完成了这一个系列的循环(我的两个儿子因此将其称为"核心三部曲")。在这里,关注的重点一直放在企业如何在核心内实施根本性的变革——通过增加扩展业务边界的新能力,通过将核心的重心转移至新的位置,或者通过将核心完全转换。

证据表明管理团队将会越来越多地面临"当核心不够充足时该怎么办"这样一个问题:产业如湍流般更加动荡;战略的周期时间普遍被宣布正在加快;与竞争对手和客户们相关的数据资料的"货架寿命"或称有效期,都在缩短;资本和信息的转换比以往任何时候都更加快速;产业领导者对市场地位的掌控更加脆弱;首席执行官以创纪录的速度变动着他们的工作;而最重要的是,竞争差异化的资源,平均而言,更加稍纵即逝。

对于许多公司来说,以前比较敏锐的规划系统已不再反应迅速、丧失了适应性和洞察力。对在整个三本书里所引证的失败的企业案例来说,这无疑是一个促成因素:它们要么反应得太过迟钝,要么未来得及作出反应,要么在绝望中,向一个最后被证明不过是另一场爆裂或幻灭的"大爆炸"式解决方案倾斜。

经常有人向我问及有关战略规划和资源配置的管理的最佳做法或

实践。其实就是这样一个程序或过程：监测环境，跟踪每一个业务的关键性指标，当变革（在"集中关注—扩张—重新界定"周期的任一阶段）成为当务之急时，使适宜的战略选择呈现出来。我相信答案在于有许多各种各样的"系统"存在，正如身登"名流堂"（Hall of Fame）⑥的网球运动员们有许多不同种类的网球打法，世界级交响乐团的指挥家们有许多不同种类的指挥手法，以及伟大的建筑师们有许多不同种类的设计风格、样式或手段一样。然而，每一个学科似乎都有它自己界定成功的核心原则。商业也是如此。

　　基于案例研究长达七年的调研和分析，以及在许多管理类会议中对这些研究结果的讨论，我认为最好的系统应该以它们自己的方式，充分考虑如下 10 项原则或研究、观察成果。

有关核心增长和重新界定的 10 项原则

1. 首先界定核心

2. 执著于核心的全部潜力

3. 充分重视领导力经济学

4. 详细筹划核心的邻接区域

5. 认可核心内可重复性的威力

6. 当迷失时，向核心客户回归

7. 切记增长的"集中关注—扩张—重新界定"周期

8. 开发隐蔽资产的能量

9. 将能力当做更新重建的基本构件

10. 不要低估集中关注的力量

1. 首先界定核心
(《回归核心》第一及第二章)

如果你尚不明白公司的核心——战略性差异化的根源——是怎么回事,你如何(以及为何)能真正赚取经济利润? 相应地,如果你尚不明白核心的边界在哪儿,那么,尝试做任何别的事情都无异于浪费时间。在与企业高管们一起参加的非现场(off-site)会议⑦上,我经常会感到惊讶的是:有多少富于经验的公司已失去了对它们的核心的意识或感知,许多公司甚至从未谈及过它。如果你连自己是谁都不知道,就很难决定你想成为什么,以及有什么价值。

不妨问问你自己,距离你往下深入几个层面(several levels down)探讨核心的边界或者竞争差异化的根源——或者更恰当地说距离你对核心状态本身作出一项全面评估的时间已有多久了。你的评估说了些什么?

2. 执著于核心的全部潜力
(《回归核心》第二章)

商业业务决策最大的错误之一,是为寻找新的热点市场、技术或者机遇过早地放弃核心。我们的调查结果一再显示,超过 60%的主管人员说,他们的核心业务是不在它的能够达致赢利性增长的全部潜力的50%之内的。他们中的大多数迄今尚不确定潜力存在于何处。

公司核心的全部潜力是什么? 你又是如何知道的? 这两个问题需要摆在企业任何增长机遇评估体系的议事日程的首要位置。

3. 充分重视领导力经济学
(《回归核心》第二章;《从核心扩张》第六章)

大家都知道,在市场上成为领导者并控制利润空间是很好的一种状态。领导地位,即使是在你的业务的次要部分(subsegment),也可能比你意识到的要更具价值。通常,领导力经济学核心占去一家企业的大部分价值。

会计制度起了掩盖领导力经济学能量的作用:编录在《回归核心》第二章里的许多特性都没有被充分地意识到和理解。不仅在为转型寻找"发射台"方面,在评估一个邻接性扩张举动的成功几率方面,甚或在评定投资在纯粹的市场份额上的价值方面,这都是事实。

可以问问自己,你是否完全确信你懂得自己公司领导地位的真正边界和利润经济学内涵。

4. 详细筹划核心的邻接区域或地带
　　(《从核心扩张》第一章)

通常比较强势的核心业务可能拥有围绕着它的多达 70～100 个投资机会。追逐它们当中的大多数毫无意义。那么问题便在于哪些是应该抓住的,以及应该从什么时候开始。

很多时候,这些邻接性机遇包含有可能会暗示向核心里注入某种新能力的、更广泛的战略主题线索。通常,它们根植于未来市场需求的第一线——客户提出的要求,主要客户使用其产品的方式,对下一代产品的需求,乃至供应商的想法等。就典型的邻接性扩张举动而言,其成功率只有 25%。因此,建立明确而又意见一致的标准,以及进行作为程序一部分的邻接区域评估和数据收集是至关重要的。管理科学已经将成本削减和质量改进完善到了一个较高的水平;而有关增长投资的各种管理学方法则要原始得多。然而,它们至少和前者同样重要,也许更为重要。

不妨问一问你自己是否知道有关邻接区域投资的准则,以及如何对可选择的增长投资进行比较。

5. 认可核心内可重复性的威力
(《从核心扩张》第三章)

最好的持续增长的企业一致的特点之一是,它们已开发出了一个可重复使用,并能推动其邻接性扩张举动的增长过程。这一过程甚至可以赋予其新能力独特的内涵,从而有助于核心随着时间的推移发展进化。耐克公司集中体现了这一点:通过从一种体育运动向另一种体育运动的移动,以及在各类运动的范围之内,通过其产品的设计和编排来获得成功,其中包括从鞋到以运动图标为中心的产品,到非耐用品(soft goods),到耐用品(hard goods),然后再到专卖渠道(specialty channel)。沃达丰公司(Vodafone)的地域扩张因其可重复性(repeatability)强化了。通用电气资本公司在租赁业务上的 170 个并购,是基于并购的可重复性的本质反映。戴尔跨细分市场或客户群、产品和地域建立直销模式的能力是其增长的发动机。有些公司,如利丰和诺维信,反复地补充能令它们重新确定其经营范围并最终重新界定其核心的能力。

可以问一问你自己,你是否足够高地评估或重视了这一属性,并在管理会议和战略会议上进行了讨论。

6. 当迷失时,向核心客户回归
(《从核心扩张》第二章和第三章)

我们发现,在成功的企业中 80% 以上的最佳邻接区域或地带理念,并非来自于实验室或公司办公室、投资银行家乃至创新性的非现场会议,而是来自于核心客户或与之相关。有五种用于透视客户的主要"透镜"。一些企业把它们用得很好并颇见成效,而另外一些企业则只是做做样子而已。这些"透镜"分别是:客户采购的生命周期,客户的制度经济学(system economics),客户细分,客户的支出份额(share of wallet)⑧和采购模式,以及你自己的客户邻接区域。

客户主导的邻接区域扩张的成功几率要高于其他。当对做些什么心存疑问时,请回到那些基本的原则,并向核心客户深入。最好的理念或想法就像人类学家研究人类的行为方式一般,来自于对核心的深入钻研,而不是来自于从外部扫描大而无当的空洞主意。随着竞争对手的差异化优势趋于萎缩,发现微细分市场或客户群机会(microsegment opportunities)的能力,以及对识见或洞察力比竞争对手们更为迅捷的获取能力,可以提供巨大的竞争优势。

不妨问一问你自己,在获取新的客户识见或洞察力方面,与竞争对手们相比较,你是否认为自己处于世界一流水平。

7. 切记增长的"集中关注—扩张—重新界定"周期
(本书第一章及第二章)

一些重大的战略失误与这样一些决策相关:是否要专注于你的核心的全部潜力,是否要大量投资于邻接区域,以及是否要重新界定核心(乃至移向另一个核心)。如同多年前博士伦公司(Bausch & Lomb)所做的一样对核心的过早放弃,可以和坚持一个日益被销蚀的核心——有如宝丽来(Polaroid)所做的——一样,具有毁灭性。这两家公司都曾经是华尔街(Wall Street)的宠儿,也都曾拥有智能超群的管理团队以及一个原先占统治地位的核心。然而,双方还是在"集中关注—扩张—重新界定"周期中作出了错误判断。

在有关下一波增长的规划中,你会以一种平衡的方式探查每一个阶段吗?你是否还确知你的所在?你寻找的警示信号是什么?

8. 开发隐蔽资产的能量
(本书第三至第五章)

在未来的10年内,将有三分之二的企业会在其核心内遭遇到危机——一种将会提出有关重新界定其战略的需要的根本问题的危机。此外,那些等候得过久并已停滞不前的企业,将会引发一连串进一步抑制所期望的反弹的、负面的动态变化(downward-pointing dynamics)。

基本的战略性转变不容易决定,更难以贯彻落实。即使对于那些起步早的企业(the earliest and the best)来说,风险也很高。因此,重要的是从其他经历,甚至其他行业来吸取经验教训。一个经验教训是,我们考察的几乎所有业务更新重建的案例,使用的都是对过去虽不主要,但已变得比以前更为关键的隐蔽资产。其中一个例子是未尽其用的客户数据资料。这样的数据资料曾帮助振兴美国运通公司(American Express),并将其置于一个长达15年的增长趋势或运行之中。另一个例子来自于核心的支持性分支机构。它往往有凭自身实力成为一项独立而重要的核心业务的潜力。IBM通过其分公司IBM全球服务(IBM Global Services)所实现的转机,是这方面的一个印证。

管理战略资产负债表(strategic balance sheet)——包括隐蔽资产、隐蔽负债和战略性净资产(strategic equity)——是首席执行官和他的管理团队的首要工作。他们需要认识到,许多最重要的当期负债与未来资产往往被隐匿或屏蔽于视线之外,需要去追踪和发现。

9. 将能力当做更新重建的基本构件
（本书第五章）

添加具备足够力量和效能的新能力,可以扩大核心的能量,复兴委靡不振的增长模式,并达到扩展核心的边界,进入新的过去遥不可及的区域的目的。我们在本书所有的例子里都看到了这一点。在一些企业里,企业组织及其添加能力的能力几乎就是战略本身。简言之,企业组织就是新的战略。

你是否花费足够的时间,清点对差异化最为关键的现有能力,以及评估它们目前如何"堆积"在一起以及哪些需要加以补充吗？

10. 不要低估集中关注的力量
（全部三本书所有章节）

这三本书的每一本都以其自身的方式，关注了某一个主题。靠集中关注来增长几乎是违背直觉的。但是，正如植物通常必须被修剪，以使能量集中于更强壮的分枝上一样，企业的发展也必须被"修剪"以应对它们过度扩展业务范围的倾向或冲动。令我不断地感到惊讶的是，缩小集中关注的范围作为增长与扩张的正确的第一步发生得十分频繁。

《回归核心》是有关一项核心业务的战略性集中关注。它基于我们发现的企业数以百计的例子。这些企业因有失专注，以及对处于核心的少数几件事究竟是什么失去了关注从而丧失了它们的机会。《从核心扩张》也与集中关注相关，但是采用了一种不同的方式。它表明采用一个可重复的程式是降低风险的最好方式，也是赢利性增长背后的一个强大的组织原则。基于一个强大的核心的对于重复性的追求，是集中关注和聚拢资源的一个方法。

毫无疑问，本书是关于转型和更新重建的。但是，它也传达了关于集中关注的另一层意义上的一个核心信息：专注于理解和依赖你已经拥有的隐蔽资产。如果你能做到这一点，相比于贸然投身于某种全新的事物中去，你会拥有一个更好的成功与差异化机会。此外，对于那些为重启增长而奋力挣扎的企业而言，能够创造经济价值的最未被充分利用和最为可靠的方式之一，是考虑缩小专注点，甚至为了增长而不惜收缩经营规模。

这个世界提供了一系列永无休止的诱惑、疑虑和不确定性。管理团队有可能像乒乓球一样，从一个话题蹦跳到另一个，而从不下力气去了解它们的核心以及它究竟意味着什么。企业真正的专注焦点应是外在的——在于竞争对手、技术更替和客户动态。然而,在对寻求赢利性增长的企业间的成功与失败长达七年的研究中,我所得来的压倒一切的、颇具讽刺意味的感觉是:许多最具挑战性的恶魔是内在的,我们最难对付的敌人往往是我们自己。同时,以下几点判断也是确凿无疑的:

如果你不了解自己,就很难判断你应该成为什么。

如果你不明白自己身在何处,就很难决定去哪儿以及如何去。

如果你不知道自己真正擅长什么,就很难知道去做什么。

作为业务增长的周期,"集中关注—扩张—重新界定"三阶段的每一个的起点,都是要确保你明白自己的核心并能够从中赢利。

你知道吗?你能做到吗?

附录　方法论

本书的写作基于一系列相关分析和调查的数据资料。这些分析的目的在于了解企业业务重新界定的四个方面：

● 各种重新界定途径的频率
● 各种途径和选择的成功或失败几率
● 决策和实施的障碍
● 变化的速率

数据资料和分析的关键来源以及方法的要素或精华，详见如下所列：

1. "《财富》500 强"分析

目的：评估随着时间的推移，横跨企业（特别是那些单一核心企业）的变化的程度，并判断各种模式的相对频率。

方法：我们对 1995 年至 2004 年美国 500 家最大的上市公司进行了

追踪考察。我们查明了这一群体中有多少家破产,有多少家已被其他企业并购和吸收。并购并不一定是个负面事件,但对被并购企业而言却是一个重大的结构性变化。我们然后选取了剩下 280 家企业的 50% 作为样本,勾勒了前后 10 年的概况。我们关于变化的程度的判断,取决于对以下三个问题的回答:

● 财务表现上有重大的变化吗?
● 在企业里及其核心和优势来源方面,有重大的结构性变化吗?
● 在观察者们如何描述该企业及其战略方面,有重大的变化吗?

2. 对重新界定的模式的分析

目的:实证考察企业变化的广泛模式。

方法:从 140 家样本企业中,我们首先将大企业集团(有 25 家)分离了出来。这样我们就可以专注于单一核心企业,以及那些在总的同一产业下,拥有一组相关或互相连接在一起的核心的企业。我们希望察看有别于横跨许多无关业务的业务组合转移或流失(portfolio churn)的业务级别或层面(business-level)的变化现象。

我们的团队然后在一系列讨论会上,来考察这些变化。我们从由逐个事例考察数据资料来界定的、大量细微的渐变或程度差异开始。当我们持续进行下去时,我们意识到差别逐渐模糊起来,并不断消融或转化。例如,一个通过从生产向服务转移或倾斜(重新界定的一种类别)的重大举措来对自身进行重新界定的企业,也往往同时变革了它的组织结构,以更多地专注于"解决方案"或"系统",而非那些单一的组件。有很多这样的案例。于是,我们将我们的变化类别(categories of change)分为以下几种：

- 随着时间的推移，通过对核心做了延伸和改变的、一系列定向的邻接扩张举动（directional adjacent moves）来重新界定。
- 通过业务模式——通常是为核心客户服务的模式——中一个或多个根本性的改变，来重新界定。
- 通过创立新核心或采用一个可产生多个新核心的过程。

3. 对"大爆炸"式重新界定的分析

目的：考察大规模、戏剧性的转型举动的性质和成功率。

方法：我们对 1995 年至 2002 年的商业新闻和报道，进行了一次广泛的文献检索，搜寻和锁定那些表示"转型"（transformation）或"重新界定"（redefinition）的词语。我们同时用贝恩案例研究数据库的分析，对这次搜索的结果进行了补充。

最后，我们选择了 15 个案例进行研究。它们每一个规模都比较大，在实施上都比较具有突发性。这些通常是通过合并（merger），例如美国在线时代华纳（AOL/Time Warner）；或者是一系列沿着某个主题所展开的大型并购（acquisition）取得成功，例如孟山都（Monsanto）公司力图摆脱其核心的化学制品业务，进而向一家生物技术公司转型的尝试。

如下是我们选择研究的公司名单：

- 美国电话电报公司（AT&T）——趋同或聚合战略（convergence strategy），导致有线和无线的并购。

- 康柏电脑公司（Compaq）——服务战略，对美国数字设备公司（Digital Equipment Corporation,DEC）服务业务的并购。
- 美国康尼格拉公司（ConAgra）——转移至品牌产品。
- 戴姆勒-奔驰公司（Daimler-Benz）——并购克莱斯勒（Chrysler）和产品转型。
- 德国邮政集团（Deutsche Post）——挺进物流和快递服务。
- 美国惠普公司（Hewlett-Packard,HP）——与康柏公司合并。
- 英国卜内门化工有限公司（Imperial Chemical Industries,ICI）——从日用商品向特种化学制品转型。
- 美国劳拉空间与通信公司（Loral 或 Loral Space & Communications）——电信。
- 法国酩悦·轩尼诗-路易·威登集团（Moët Hennessy-Louis Vuitton）——进军一般零售业。
- 美国美泰公司（Mattel）——"学习型公司战略"（Learning Company strategy）①。
- 美国麦克森公司（McKesson）——对 HBOC 公司的并购，向信息技术（IT）领域的挺进。
- 德国默克公司（Merck）——对默德克公司（Medco）的并购和分销战略。
- 孟山都公司——生物技术并购战略。
- 美国时代华纳公司——与美国在线公司（AOL）合并。
- 美国迪斯尼公司（Walt Disney）——收购首府城市通信美国广播公司（Capital Cities/ABC）②以及相关的媒体扩张。

对于以上列举的每一个企业实体，我们做了如下工作：

● 考察了在企业转型或重新界定举动开始之前，以及之后相当长一段时间内的主要的分析师评论。
● 分析了企业股价相对于同类其他股票、股票涨落轨迹以及股票指数的表现。
● 考察了企业的财务状况。
● 回顾了新闻舆论界的记载报道。

我们对这些层面的每一个都进行了系统编码。以便我们能对某一公司的财务表现、可感知的战略成功，以及这一成功或失败的主要因素或成分作出评判。

我们发现，重新界定的大举动比起那些更审慎更有限度的路径，特别是那些对现有的隐蔽资产加以利用，并充分发挥其潜力的方式来说，有很大幅度的差别。来自于这种大爆炸式转型举动的成功几率只有不到 10%。

4. 对管理人员的调查

目的：了解企业主管目前对于增长的态度和关切程度；探究他们关于持续赢利性增长的障碍的看法；以及调查在何种程度上企业主管们相信，发生于他们的核心业务中的根本性变革将是必须或必要的。

方法：由贝恩公司联合经济学人信息部（Economist Intelligence Unit, EIU）所进行的两个调查，是两个针对订阅《经济学人》（Economist）网络在线服务的企业管理人员的调查。作为第一个调查的"2004年增长调查"（2004 Growth Survey）始于 2004 年 10 月，接受了世界各地 259 位企业管理人员的反馈。第二个调查是 2005 年 11 月举行的

"2005年能力调查"(2005 Capability Survey),得到了240位高级管理人员的回应。在这两个调查中,有超过四分之一的被访者来自各个主要商业中心——亚洲、北美和欧洲。这便提供了良好的地域平衡性。

5. 对"由核心赢利"数据库的分析

目的:更新我们有关世界各地持续的赢利性增长难点的统计数字和资料,以这一数据资料作为企业所面临的、在其核心内促成了重大改变的挑战背景。

方法:贝恩公司维持着一个由横跨七国集团经济体(G-7 economies)的8 000多个上市公司所构成的数据库。其中有2 000多个企业的年收入(annual revenues)超过5亿美元。我们又对这2 000家最大企业的财务记录作了全面的分析,并将其中一些用在了本书里。该数据库不仅含有已公开出版的财务数据,而且还包括每一个国家预估的资本成本及通货膨胀调整情况。

6. 25个案例研究

目的:通过截取某个横断面(典型实例),研究来自于各种类型核心的重新界定的详细决策、行动、方法以及所获得的经验教训。这些核心的重新界定活动很多还正处于实施的进程中。我们尝试着用足够的历史事实去平衡和补充当代的经验,以作出有关结果的早期推定。

方法:我们沿着三个层面——财务表现、差异化来源,以及企业和战略的外部描述,开发了已经历过重大核心变革的企业的一个长长的名单。我们通过调查贝恩公司所有负责行业实践领域的合伙人,向他们询问所处行业中有关重新界定的案例,汇集了名单的大部分。我们还检索了贝恩公司数据库,并就当地有哪些令人关注的企业一事,向贝恩公司各地办公室的负责人作了调查。

利用这些方法,我们列了一份 80 家企业的清单,从中选取了 25 家平衡了产业(从电脑到冰箱)、地域(代表了 11 个国家)以及变革的类型(邻接区域、新的客户模式、新的能力)的企业。我还决意将一些仍处于变革实施过程中的企业与其他一些有明确变革结果的企业,都包括进来。在其中 21 个案例中,我通过当面访谈或对公司实地考察,对企业举措、分析师看法、财务状况以及企业历史的相关研究作了补充。在多数情况下,我能够进行由几个时段构成的、有企业高层管理人员直接参与的采访。例如,为了中美洲航空(TACA),我专程去了萨尔瓦多(El Salvador)采访了该公司最高层的四名管理人员;为了美国运通,我对它的首席执行官陈纳德进行了两次采访。在少数情况下,我没有跟踪采访,因为那些公司的战略实施仍在进行中,有大量的书面材料可以采用。这些企业名单如下——星号表示现场到访和面对面采访:

美国运通 *	多美达 *
苹果电脑 *	大世界百货 *
欧特克 *	哈曼国际 *
安飞士 *	海波龙解决方案 *
波士顿科技(Boston Scientific)	IBM
宾士域 *	利丰集团 *
德比尔斯	神奇娱乐
戴尔 *	耐克 *

诺维信 *

珀金埃尔默-阿普尔拉 *

新加坡港口管理局（Port of
Singapore Authority）*

宝洁 *

罗氏

皇家孚宝 *

三星 *

中美洲航空 *

特易购 *

注　释

第一章

1. "德比尔斯历史（De Beers History），1900~1940 年"，www. debeersgroup. com。

2. "钻石：水晶一样澄澈？"（Diamonds：Crystal Clear?）《经济学人》（*Economist*），2000 年 7 月 15 日。

3. 引自加雷思·佩尼（Gareth Penny）与本书作者的面谈，2005 年 10 月 18 日，于伦敦。

4. "大跃进"（The Big Leap），《经济学人》（*Economist*），2000 年 1 月 15 日。

5. 与核心的距离决定着企业向自己为寻求新的增长而追求的邻接区域（adjacencies）所进行的扩张的成功几率。测量这种距离的其中一个方法，是根据如下五个维度或方面测算所得出的远离核心的距离：相同的或新的客户（如果完全是新客户，算一步）；相同的或新的分销渠道；共享的基础设施的比例；关键性核心资产（品牌或技术）的利用；以及共同面对的竞争对手。当一个扩张举动超过核心过多，成功率便开始加速下降，标志着更大程度的复杂性和不熟悉。

第二章

1. 杰弗里·科尔文（Geoffrey Colvin）："混沌下的管理"（Managing in Chaos），《财富》（*Fortune*），2006 年 10 月 2 日，第 76~82 页。

2. 威廉姆·奥哈拉（William T. O'Hara）：《数百年的成功——世界最

古老家族企业的经验教训》（*Centuries of Success：Lessons from the World's Most Enduring Family Business*），马萨诸塞州艾旺市亚当斯媒体公司 2004 年版（Avon，MA：Adams Media，2004）。

3. 奥里特·加迪耶什（Orit Gadiesh）和詹姆斯·吉尔伯特（James L. Gilbert）：“利润空间：战略的重新审视”（Profit Pools：A Fresh Look at Strategy）和“如何勘测你所处行业的利润空间”（How to Map Your Industry's Profit Pool），《哈佛商业评论》（*Harvard Business Review*），1998 年 5～6 月刊，第 139～147 页和 149～162 页。

4. 加里·哈梅尔（Gary Hamel）和 C. K. 普拉哈拉德（C. K. Prahalad）：《争夺未来》（*Competing for the Future*）第 4 页，美国波士顿哈佛商学院出版公司（Harvard Business School Press）1994 年版。

5. 鲍勃·萨勒诺（Bob Salerno）与作者的面谈。2005 年 6 月 16 日于新泽西州帕西珀尼市（Parsippany，New Jersey）。

6. 鲍勃·萨勒诺（Bob Salerno）与作者的面谈。

7. 鲍勃·萨勒诺（Bob Salerno）与作者的面谈。

8. “净推介分数”（NET PROMOTER）是 Satmetrix 系统公司（Satmetrix Systems Inc.）、贝恩公司（Bain & Company），以及弗雷德·赖克赫尔德（Fred Reichheld）的注册商标。

9. 引语出自作者于 2006 年 6 月 27 日，在荷兰鹿特丹（Rotterdam）对约翰·保罗·布勒德斯（John Paul Broeders）的一次采访。

10. 李董事长（Chairman Lee）：“与员工们的对话”（Dialogue with Employees），1998 年 3 月 22 日。

第三章

1. 托马斯·费伊（Thomas P. Fahy）：《理查德·斯科特·珀金与珀金埃尔默公司》（*Richard Scott Perkin and the Perkin-Elmer Corporation*），康涅狄格州诺沃克市（Norwalk，CT）珀金埃尔默印刷厂（Print Shop），1987 年。

2. 语出作者对托尼·怀特（Tony White）的一次采访，2005 年 2 月 22

日,美国亚特兰大(Atlanta)。

3. 马特·里德利(Matt Ridley):《基因组——23 章物种自传》(*Genome：the autobiography of species in 23 chapters*),纽约哈珀柯林斯(HarperCollins)出版社 2000 年版。

4. 作者对怀特(White)2005 年的采访。

5. 作者对斯文·斯托克(Sven Stork)的一次采访,2005 年 9 月 20 日于瑞典索尔纳(Solna)。

6. 郭士纳(Louis V. Gerstner, Jr.):《谁说大象不会跳舞——IBM 内部的历史性转变》(*Who Says Elephant Can't Dance：Inside IBM's Historic Turnaround*),第 129 页。纽约哈珀商务出版社(*HarperBusiness*)2002 年版。

7. 艾萨克·沃尔夫森(Isaac Wolfson):《大世界百货公司——25 年的进步,1932～1957》(*Great Universal Stores：25 Years of Progress,1932 - 1957*),伦敦世界出版社(Universal House)1957 年版。

8. 作者对约翰·皮斯(John Peace)的一次采访,2005 年 6 月 29 日于伦敦。

9. 诺琳·奥利里(Noreen O'Leary):"阴影之返"(Return of the Shadow),《首席执行官》(*Chief Executive*),1999 年 5 月 1 日刊,第 26 页。

10. 亨利·切斯布拉夫(Henry Chesbrough):《开放式创新》(*Open Innovation*),波士顿哈佛商学院出版公司 2003 年版。

第四章

1. 作者对西德尼·哈曼博士(Dr. Sidney Harman)的一次采访。2005 年 1 月 31 日于哥伦比亚特区华盛顿市。

2. 丹尼尔·布尔斯廷(Daniel Boorstin):《发现者》(*The Discoverers*),第 329 页。纽约古典出版社(Vintage Press)1983 年版。

3. "欧特克档案:历史的断片,经验的言谈"(The Autodesk File：Bits of History, Words of Experience),www.fourmilab.ch。

4. 约翰·沃克(John Walker):"希尔弗拉多演讲"(InfoCorp Silverado

Speech),1986 年 3 月 2 日,www. fourmilab. ch/autofile。〔译注:沃克的这一讲话,是在行业分析调研公司 InfoCorp 于美国加州纳帕(Napa)的希尔弗拉多度假胜地举办的年度技术论坛上首度发表的〕

5. 赫内·马西亚尔(Gene G. Marcial):"华尔街内幕———一个可能飞不起来的高科技股"(Inside Wall Street:A High-Tech Issue That May Not Fly),《商业周刊》(*Business Week*),1985 年 7 月 8 日,第 85 页。

6. 戴维·利伯曼(David Lieberman):"热门增长公司———100 个优胜者及其成功的理由"(Hot growth companies:There Are 100 Winners— And As Many Reasons For Their Success),《商业周刊》(*Business Week*),1987 年 5 月 25 日,第 82 页。

7. 语出作者对卡尔·巴斯(Carl Bass)的一次采访,2006 年 5 月 20 日,于美国加利福尼亚州圣拉斐尔(San Rafael)。

8. 弗雷德·赖克赫尔德(Fred Reichheld):《终极问题———驱动可观的利润和真正的增长》(*The Ultimate Question:Driving Good Profits And True Growth*),美国波士顿哈佛商学院出版公司 2006 年版。

9. 语出作者对杰夫·罗德克(Jeff Rodek)的一次采访,2006 年 5 月 3 日,于美国加利福尼亚州圣塔克拉拉市(Santa Clara)。

10. 作者对陈纳德(Ken Chenault)的访谈,2005 年 5 月 24 日于纽约。

11. 里格比·达雷尔(Darrell Rigby)和克里斯·祖克(Chris Zook):"开放市场创新"(Open-Market Innovation)《哈佛商业评论》(*Harvard Business Review*),2002 年 10 月,第 80~89 页。

12. 康斯坦丁诺斯·马尔基德斯(Constantinos C. Markides)和保罗·格罗斯基(Paul A. Geroski):《后发先至者———精明的公司如何绕开激进创新,进入并主导新市场》(*Fast Second:How Smart Companies Bypass Radical Innovation to Enter and Dominate New Markets*),旧金山乔西-巴斯出版社(Jossey-Bass)2004 年版,第 80~89 页。

13. 特德·平卡斯(Ted Pincus):"巴克利第三次令宾士域转型"(Buckley Transforming Brunswick a Third Time),《芝加哥太阳时报》(*Chicago Sun-Times*),2003 年 7 月 29 日,第 50 页。

14. 作者对乔治·巴克利(George Buckley)的采访,2005 年 1 月 23 日于芝加哥(Chicago)。

第五章

1. 作者对伊恩·麦克劳林(Ian MacLaurin)的访谈。2005 年 1 月 23 日于伦敦。

2. 加里·哈梅尔(Gary Hamel)和 C. K. 普拉哈拉德(C. K. Prahalad)《争夺未来》(*Competing for the Future*)(波士顿:哈佛商学院出版社 1994 年版),第 203 ～ 204 页。乔治·斯托克(George Stalk)通过对"核心竞争力"(core competence)和"核心能力"(core capabilities)加以区分,已对这一理念作了进一步发挥。前者倾向于强调"处于沿着价值链上特定的节点分布的、技术或生产的专业知识";后者"基础更为广泛,涵盖整个价值链。在这方面,能力是核心竞争力很少具有的一种方式,对客户来说具有可视性"。斯托克和他的同事菲利普·埃文斯以及劳伦斯·E.舒尔曼在其 1992 年的"在能力上竞争——企业战略的新规则"(Competing on Capabilities: The New Rules of Corporate Strategy)[《哈佛商业评论》(*Harvard Business Review*)1992 年 3 月至 4 月,第 57～69 页]一文中,接着描述了"基于能力的竞争",将如何赋予下一波企业战略以特色。这种转变的发生无疑花费了一些时日,但如同这里的一些例子所显示的,它正在发生。

3. 迈克尔·波特(Michael Porter):"战略是什么?"(What Is Strategy?)《哈佛商业评论》(*Harvard Business Review*),1996 年 11 月至 12 月,第 61～78 页。

4. 作者对斯滕·里斯高(Steen Riisgaard)的访谈。2005 年 2 月 14 日于丹麦哥本哈根(Copenhagen, Denmark)。

5. 作者对迈克·基欧(Mike Kehoe)的访谈。2005 年 6 月 20 日于辛辛那提(Cincinnati)。[译注:迈克·基欧(Mike Kehoe)是迈克尔·基欧(Michael Kehoe)的简称]

6. 摩根大通(J. P. Morgan):"苹果电脑公司,iPod 经济学"(Apple Computer, Inc., iPod Economics),2004 年 11 月 16 日,第 6～7 页。

7. 彼得·富尔曼(Peter Fuhrman):"不需要'安定'"(No Need for Valium),《福布斯》(*Forbes*)1994 年 1 月 31 日,第 84 页。

第六章

1. 史蒂夫·伍尔夫(Steve Wulf):"差矣,乔丹!"(Err Jordan),《体育画报》(*Sports Illustrated*),1994 年 3 月 14 日,第 20 页。

译　　注

致谢

① 制作编辑（production editor），也有人直译为"生产编辑"。系出版社编辑部门和图书制作或生产部门之间沟通和联系的中间媒介。负责监控印制质量、筹划生产进度和控制预算，进而最终把书籍从书稿制作成出版物。处于这个位置的编辑人员，必须具有能与方方面面——发稿编辑、文字编辑、校对、装帧设计与排版印装人员等——打交道的综合素质与协调能力。地位并不起眼，但相当重要。

② 作为并不常见的习惯用语，dead prose（死板的文字、文章、写作或议论）有时也写作 boring prose（乏味的文字、文章、写作或议论）。其实，与verse（韵文）相对的 prose（散文），本身就含有 dead（死气沉沉的、无生气的）的意思，最早可能从散漫的文字风格，引申为大白话，进而引申为平凡（的）、乏味（的）或无聊（的）——可用作名词或形容词。这种与简洁、清新和生动背道而驰的、死板乏味的文字风格的形成，可能原因很多，但对流行的警句口号（catchphrase）、陈词滥调（cliché）或空洞无物的行话术语（buzz word）等的滥用，最是难辞其咎。

序言

① "现在"、"目前"（now）或"今天"（today）等，指作者成书之时的 2006～2007 年。下同。

② 此书已译成中文出版。第一版译名为《主营利润》（中信出版社 2002年 2 月版）；第二版译名改为《回归核心》（中信出版社 2004 年 10 月

版),罗宁、宋亨君译。

③ 此书已译成中文出版。《从核心扩张》是此书简体中文译本(中信出版社 2004年10月版)的书名。而由中国台湾商智文化2004年6月出版的繁体中文译本的书名,则是《跨越扩张风险》。两本书的译者都是曾沜菁这一事实,意味着中信的版本,是从中国台湾引进的。至于二者在作者名和书名翻译等方面的不同,明显是基于中国内地读者的阅读习惯所作的调整。

④ 对于"隐蔽资产"(hidden assets),多数人都把它顺手翻译成"隐性资产",也有人翻译成"隐藏资产"。本译者以为二者都不如"隐蔽资产"来得确当,不如它中性或客观:"隐性"过分强调了这类资产本身的不够明显或不易捕捉性——而很多这类资产实际上是被人为忽略(基于管理者的素质不够或识见缺失)的,与其本身是否具有遮蔽性并不太相关;而"隐藏"则过分地强调了人为或故意因素——事实上,没有哪个正常或健全的企业或其高管,会故意地将自己的优质资产隐而不用,或对它们进行没有来由的"歧视"、视而不见或搁置。"隐蔽资产"这个用语,则没有这两方面或两个极端的偏颇——一种资产处于隐蔽状态,既可能更多地因为这种资产本身的隐蔽性,也可能更多地因为企业管理者的识见疏失,更可能两种因素兼而有之。

⑤ 原文为ace。即扑克牌中标有英文大写字母A的纸牌。北方称"尖儿",如黑桃尖儿;南方则称"幺",如红桃幺。

⑥ 有人翻译成"女妖吟唱"。引申为诱惑之歌、诱惑等。Siren(塞壬)是希腊神话中半人半妖(鸟)的女海妖。传说她们惯于以曼妙歌声诱使过往海员上当触礁。

⑦ "涟漪效应"亦称为"模仿效应"或"波及效应"。一个与教育相关的词汇,据称最早由美国教育心理学家雅各布·库宁(Jacob Kounin)所提倡和使用。它既指的是一个群体(如学生班级或小组)内发出的某种谴责或责难(如老师对上课时偷读不相干小说的学生的批评),对该群体内非被谴责对象(该学生之外的其他同学)的潜在影响和压力(不专心听讲的其他同学,虽未直接被批评,也都开始专心听讲),也指某种破坏规则的行为

未得到及时纠正或处理时，所导致的群体内其他人对破坏规则的行为，予以扩散性模仿的情形。泛指某种不良的社会现象，在缺乏舆论或法制手段制约的情形下，所造成的向外波及或扩散的破坏效应。参见：雅各布·库宁（Kounin，J. S.），《课堂内的纪律和群体管理》（*Discipline and Group Management in Classrooms*），纽约（New York），霍尔特、莱因哈特和温斯顿出版社（Holt，Reinhardt and Winston）1970 年版。

⑧ 此处的麦比乌斯（Möbius，现通译为默比乌斯。也有人译作莫比乌斯，中国台湾则有人译作莫比尔斯），系德国数学家，理论天文学家。其全名为 August Ferdinand Möbius（1790～1868）。所谓"麦比乌斯带"（Möbius strip），也可译为"麦比乌斯圈"，是一个数学概念，亦写作 Möbius band。它是麦比乌斯于 1858 年偶然发现的，故以他的名字命名。简单地说，就是一种单侧的、不可定向的曲面。将一个有一定长度的长方形纸条的一端固定，另一端扭转半周（180°）后，再把两端贴合在一起，所得到的简单曲面就是麦比乌斯带或圈。它的最基本特征是所谓单侧性或称不可定向性。作为一种典型的拓扑图形，它实际上肇始了一个数学分支——拓扑学的发展。

⑨ 相当于 11.26 公里（1 公里＝0.6214 英里）。

⑩ 一种性喜在朽腐的木材中咬啮出虫眼、虫洞的黑色大蚂蚁〔特别是跼背蚁属（genus Camponotus）〕。参见：《韦氏在线辞典》（http://www.merriam-webster. com/dictionary/carpenter%20ant）。

⑪ 据本书作者说，这句所谓的中国谚语，是香港利丰集团的冯国经博士在接受采访的过程中，口头引用的。但由于作者没有给出中文的原文，除非是向冯博士本人请教，很难知道这句英文真正的中文对应是什么——中国的谚语熟语太浩瀚了，而一个人的脑力又太有限，很难查考出来。更何况，这句英文本身是来自一种面对面的口耳采访，而非来自确定的书面材料，在精确性上便又打了一个折扣——即便向冯博士当面请教，他可能也不见得能回忆得起来自己究竟说了什么，或对这句英文真正有什么印象。就内涵逻辑而言，"不破不立"、"失败乃成功之母"、《孙子·九地》之"投之亡地而后存，陷之死地然后生"（置之死地而后生）以及所谓

凤凰涅槃复生等说法,都比较符合,但又都不能确定。

⑫ 也大写作 Big-bang。最早指所谓"创世大爆炸"——被认为发生于100～150亿年前的、导致了宇宙形成的一次大爆炸。泛指动静、规模或程度巨大的变迁、变化或人为变革。

⑬ 经济学人信息部(Economist Intelligence Unit,EIU),信息及咨询机构。这里采用的是美国哥伦比亚大学"哥伦比亚国际投资项目"(Columbia Program on International Investment)在其 2006 年 9 月的一份新闻稿中所使用的中文译名。参见:http://www.cpii.columbia.edu/pubs/documents/WIP_Global_Chinese_04Sept2006_Final.pdf。此注释转引自于慈江,《接包方视角下的离岸外包——跨国服务商与东道国因素研究》,第 115 页注释①,北京经济科学出版社 2007 年 11 月第一版。

⑭ 本书中译本参见:《从优秀到卓越》,中信出版社 2002 年 10 月版或 2006 年 7 月版。俞利军译。

⑮ 一译金伟灿。

⑯《蓝海战略》中文译本由商务印书馆于 2005 年出版。译者为吉宓。

第一章

① 原文 sight-holder 里的 sight 一词,本义为"视力、视域、看见及景观"等,在这里有两个相关联的特殊引申:一是指被戏称为"鞋盒"(shoe-box)的放置不同待加工钻石组合的盒子,被密封在塑料封套内;二是指德比尔斯公司每年在英国伦敦举办的 10 次(每次历时一星期)钻石原石配售会——专门向其约 100 家直接客户分配和出售这些装有原石的盒子。这约 100 家有资格每五个星期赴伦敦购买盒装钻石原石组合的大钻石交易商,即被称为 sight-holders。之所以称为 sight,也是因为只有在这时,与德比尔斯公司就钻石原石的购买协商多时的交易商才第一次有机会看到(having sight)钻石原石。虽然他们的一些要求和需要有可能为德比尔斯公司所考虑和照顾,但这些钻石商必须无条件地接受他们的钻石配售,不能对其价值或品类有任何质疑。否则将有可能失去sight-holders 资格。sight-holders 这个英文组合很大程度上只可意会,

很难言传。此处勉强翻译成"即看即持者",是在将就其字面含义的同时,将这类交易商一旦赴德比尔斯配售会并看到装钻石的所谓"鞋盒"后,便只有接受和持有之而不得就价格或品类做任何争议的买家被动、卖家强势的局面大致表达了出来:所谓即见钻石即(只好、只能)持有之者,是也。此外,该英文组合也应该含有将 sight(即德比尔斯 10 次钻石原石配售会及其所售盒装钻石)作为一种资格和权利来持有的意思:在严格限制参会者数量的情形下,能来赴会看货者,便是赴会看货资格持有者。由是,似也可译为:"看货会资格商"。当然,不能肯定的还有,如按 sight 的口语义含"大量、很多"来翻译,则 sight-holders 似也可译为"批量持有商"。虽然这么译可能更不靠谱,但从内容和逻辑上说,也能自圆其说:作为批发商之上、生产商之下的一个数量极其有限的特殊阶层,sight-holder 们持有钻石原石的批量最大。

② DNA 是英文 Deoxyribonucleic acid(脱氧核糖核酸)的首字母缩写。是人体细胞核中染色体的主要化学成分,同时也是组成基因的材料。据研究,人体的 DNA 共含有 30 亿个遗传密码,排列组成约 2.5 万个基因。

③ 根据欧美传说,只有银弹能杀死神出鬼没的狼人(werewolf)。用以比喻一个难题的神奇解决办法或方案。

④ 此句原文为"and almost as much as in the history of the industry"。原文在 as much as 之后似有脱漏(如"an all-time high"或"the highest"之类),句意不够明晰和完整。

⑤ Niche 也音译作利基市场。本意壁龛,引申义为合适的职(地)位。有见缝插针、拾遗补缺,以及因时因地随需制宜的含义。

⑥ 该连锁书店发轫于 1971 年。当年,其第一家店在美国密西根州(Michigan,也译作密歇根或密执安等)的大学城安阿伯(Ann Arbor)开张。店名取自创始人汤姆·博德斯(Tom Borders)和路易斯·博德斯(Louis Borders)的姓。这兄弟俩将连锁书店的构想首次成功付诸实践,并相继在美国中西部和东北部开设了多家分店。

⑦ 在中国台湾等地,该公司名被译为"升阳"(升阳公司或升阳电脑公司)。该公司创建于 1982 年,主要产品是工作站及服务器。它 1995 年开发的

Java 技术，是第一个通用软件平台。

⑧ 也缩写为 HBOC。合并后的企业叫做 Mckesson HBOC。可参看本书附录。

⑨ 在中国台湾和中国香港的文本框架里，此词被翻译成基因改造种子或基改种子。

⑩ 所谓"孤儿产品"（orphan product），主要指两个意思：一是专门为某些少见病（亦称罕见病，就是患者较少（如少于 20 000 人）的疾病）所开发的医药产品；二是所谓"停产产品"，由于某种原因而不再生产因而修配比较困难（如车、船及电脑等）。后者中有很多是由因各种原因而倒闭破产的公司造成的。常常产生环保问题。本书这里指的显然比较宽泛：不仅包括某一公司内一度被弃置或束之高阁的某类产品，也包括那些孤立的、未被充分予以投资、重视和开发的偏门产品。

⑪ 有人把 adjacent 或 adjacency 翻译成"毗邻（的）"或"相邻（的）"。前者过于书卷气；后者则让人联想到物权法里的"相邻权"或"相邻关系"，有过于强调彼此相邻的线性联系之嫌。而实际上，本书所强调的是向企业业务的外围地带扩张的、一种全方位辐射的业务转型——不仅重在以"邻"为起点，也着意于起步之后的延伸或"接"续。故译为"邻接"。

⑫ 可直译为"客户基础"，但容易引起歧义。其他的译法还包括：基本客户、客户基群、客户群、客户群体等。指一个企业当前所服务的客户（包括分销商）和消费者群体。也即是该企业所积累的实际客户群。界定一个基本客户群，不能仅仅考虑人口统计因素——年龄、收入和教育程度等，更要兼顾心态和生活方式等能深度影响其购买行为的内容指标。

⑬ 即 lateral thinking。也译为横向思维或水平思维。由英国（马耳他裔）创意思维培训权威爱德华·德·博诺（Edward de Bono），在其 1967 年出版的专著《侧向思维的运用》（*The Use of Lateral Thinking*，Penguin Books；New Ed edition）中，最早予以提倡。作为传统单向度的、纵向性（vertical）思维的反面，它强调在一个合理幅度之内的联想、开放和创意的思维活动和训练。是一种通过有意识使用某些特定步骤和技巧，以提高创新力的系统性手段。

⑭ 也称"变化管理"、"变更管理"。所谓变革管理,是企业组织在转型重建过程中,所展开的有秩序的、系统化的自我调整和改善活动。变革管理的任务是对包括组织内部结构、工作流程乃至企业文化等方面发生的变化或变革,进行专业化管理,以尽可能避免或降低它们带给企业运营的冲击和影响。

第二章

① 货架寿命(shelf life)是商品流通领域和包装业中一个十分关键的技术指标。等同于商品保质期或包装有效期。它意味着厂家对流通期内商品质量和功效的承诺与保证,是厂家信誉的体现和延伸。其具体含义为:商品自出厂之日起,经过各相关流通环节到达消费者手中止,在规定的环境条件和输送处理标准下,所能保持质量合格与消费安全的时间长度或承诺。本书此处为引申义。

② 工作保障或安全感(job security)也翻译为就业保障或安全感、职业保障或安全感以及劳动保障等。是西方人力资本管理方面的一个常用术语。指一个人能继续保有其工作的概率或可能性。拥有一份具备较高工作安全感的工作,意味着失业(失去这份工作)的机会较小。与之相关联的一个术语,是所谓"工作不安全感"(job insecurity)。

③ 位于日本石川县小松市粟津温泉的温泉旅馆"法师"(曾作为"世界最古老的旅馆",入选"吉尼斯世界纪录")和法师家族,创始于雅亮法师(Garyo Sasakiri 或 Garyo Hoshi/Houshi)。系粟津温泉发现者佛学大师泰澄(Taicho Daishi)的弟子,伐木工之子。其目前当家的第 46 代传人,叫做善五郎法师(Zengoro Hoshi/Houshi)。参见:http://www.hoshi. co. jp/jiten/Houshi _ E/和 www. henokiens. com/index _ hoshi _ fr. php。

④ Henokiens 源自 Henok(埃诺克)——也即 Enoch(以诺)。以诺系《圣经》中的人物。因传说他在人世活了 365 岁后不死升天,而被认为是人类最伟大的鼻祖之一。创始于 1981 年的该协会的法文名称 Henokiens,意谓信奉或类似埃诺克(以诺)者。正是取其寿数绵长、生命不绝

之寓意。

⑤ 亦称麻萨诸塞州,简称麻省(如麻省理工学院)、麻州。

⑥ 业界一般译为"知音"。与本译相仿佛,也是某种程度上的一种音、义混译。但过于平直和普通,不如本译有力和醒豁。

⑦ 即土耳其现在的首都伊斯坦布尔(Istanbul)。

⑧ 所谓保险替代汽车(insurance replacement vehicle),是指被保险公司保过险的汽车,在因发生车祸等问题时需要或修或换的情况下,由保险公司认可的汽车租赁公司为出事的车主所提供的临时替换性质的代用汽车。替换期为数天到数月不等。通常由保险公司买单。

⑨ 指美国卡特政府届内通过的"美国 1978 年民航解制法案"(U. S. Airline Deregulation Act of 1978)。

⑩ 东南亚和港台将该管理局通译为"新加坡港务局"。

⑪ Pac-Man 也译成食鬼、吃豆等。是游戏公司 Namco 最早于 1980 年开发的一款经典电子街机游戏。现已发展到可以在手机上便携玩用。游戏很简单:在规避讨厌的"幽灵"抓捕的同时,操控游戏中的小人或称"小精灵"以最快速度,吃掉藏在迷宫内的所有小圆点儿或称"豆子"。Pac-Man 的小精灵和幽灵形象被开发商 Namco 一直作为公司的徽标沿用至今。参见:http://www. namcogames. com/game_detail. php? gid=1。

⑫ 此书初版于 2007 年,那么,此处所说的"去年",应是该书出版的前一年,即 2006 年。当然,也可能需要考虑出版时间和成书交稿时间的时间差——例如,尽管出版发行的时间是 2007 年,但如若是 2006 年完稿交付的话,那么此处就该是 2005 年。

⑬ 圣经故事里未建成的通天塔。据称,人类共同起了一座通往天庭的巴比塔,上帝知道后,罚人类说各种不同的语言,于是该工程因人类的无法互相沟通而成为未竟工程。常用来比喻空想的计划或构想。

⑭ 安飞士公司的公司名"安飞士"与其创始人沃伦·阿维斯(Warren Avis)的姓"阿维斯",其实是同一个英文词(Avis),不同的汉语译法。

⑮ 也译作逆向工程。指得到竞争对手的产品后,先进行"由表及里"的反向拆卸分析,然后根据拆开的机件再行仿造。

⑯ 系 Employee Stock Ownership Plans 的首字母缩写。意为"（企业）员工持股计划"。是企业为解决流动资金短缺瓶颈以及留住优秀员工，所采取的一种财务组织措施。该计划的最大特点或好处是，实现员工和企业利益的一致性，保持员工士气和企业活力。

⑰ 虽然是美国三大旅游网站之一，但并没有一个通用的中文译名。偶见有文章将其称为"旅程"，大概是考虑到该网站英文名里含有 orbit（轨道；环绕轨道运行），加上是旅游网站的缘故，故以之为名。但译者认为该译名还是太普通。只好先暂以音译代之，等待该公司或许将来进入中国市场，再自己给自己起个贴切的中文名字了。

⑱ 赋格的英文是 fugue。其主要特点是，相互模仿的声部在不同的音高和时间相继进入，按照对位法组织在一起。

⑲ 世界著名摩托车品牌"哈雷"拥有者。2003 年是哈雷–戴维森百年诞辰，也是世界上第一辆摩托车的百年诞辰。可参看：http://www.harley-davidsonbeijing.com/index.asp。

⑳ PlayStation（简称 PS）是日本索尼（SONY）旗下的索尼电脑娱乐 SCEI（Sony Computer Entertainment Inc.）于 1994 年 12 月 3 日推出的家用游戏主机。

㉑ GSM 是 Global System for Mobile Communications 的首字母缩写，意思是"全球移动通讯系统"。作为一种起源于欧洲的移动通信技术标准以及第二代移动通信技术，其开发目的是让全球各地可以共同使用一个移动电话网络标准，让用户使用一部手机就能行遍全球。

㉒ "高地"（high ground），比喻有利的、优势的地位，尤其是伦理道德地位。

㉓ 此为原作者笔误。据查，Pakhuismeesteren（意思是"货仓师傅"、"仓库主人"，乃至"仓储能手"）实际成立于 1818 年，而非 1616 年。由鹿特丹一群码头装卸工成立于 1616 年的，是 Blauwhoed（所谓"蓝帽子"）储运公司。1967 年，Blauwhoed 和 Pakhuismeesteren 合并，组成 Pakhoed。1999 年，Pakhoed 和成立于 1839 年的货运代理商 Van Ommeren 合并，组成皇家孚宝公司（Royal Vopak NV）。可参看：http://www.vopak.com/about_vopak/142_145.php 和 http://www.fundinguniverse.

com/company-histories/Royal-Vopak-NV-Company-History. html。

㉔ 欧元(Euro)这个名称,源自1995年12月于西班牙马德里举行的欧洲议会。欧元的正式缩写是EUR。欧元的符号是€,其轮廓看起来很像英文字母的E。中间的两条平行线,则象征欧元的稳定性。这个符号的构想来自希腊语的第五个字母(ε):一方面隐含对欧洲文明发源地的尊敬,一方面也是欧洲(Europe)一词的第一个字母。参见:http://forex. money. hexun. com/currency. aspx?sl=1662。

第三章

① 此处原文有错误(原书第61页):These can be a set of adjacency moves that combine to create the fulcrum for a new strategy, an underused support function, or an undervalued business product or family 应该被置换为 These can be an undervalued business or product family, an underused support function, or a set of adjacency moves that combine to create the fulcrum for a new strategy。错误主要体现在一明一暗两处。明的是,原文 an undervalued business product or family 不可解。应该是将倒数第二个字 or 置于 product 之前,变成 an undervalued business or product family(被低估的业务或产品组合)。这大概是所谓的 typo(排印错误)。暗的错误是,原文语序排列不当,容易造成理解上的歧义——fulcrum(支点)所对应的只是 new strategy(新战略),而不包括其他。按新的语序排列后,这样的误解便可避免了。需要提及的是,此处的错误,虽是译者在翻译的过程中,随机发现的,但随意 Google 之下,却发现原书作者在 Bain & Company 的相关网站上,已不知何时,对这个错误,"悄然"进行了订正。可参看该网站:http://www. beyondthecore. com/core/undervalued_business_platforms. asp?groupCode =2。

② Sputnik 亦译为史泼尼克、斯普特尼克等。是俄语"旅伴、伴侣"(спутник)的意思。

③ 经网上不完全搜索,叫做 Cetus 的公司其实不少,如希得国际有限公司

(Cetus International Ltd.)和赛特斯电器有限公司(Cetus Electric Appliance)等。为避免和这些名字发生冲突,特选定 Cetus 的英语发音"西特斯",作为这家成立于 1971 年的老牌生物技术公司 Cetus Corporation 的中文译名。也有人翻译成声音近似的"西塔斯"以及声音差异较大的"赛图斯"等。另一方面,从希腊神话的语汇以及拉丁语的角度来说,"塞特斯"(鲸鱼、鲸鱼座、海怪等)也比较合适。

④ 据报道,2006 年 7 月 20 日,美国应用生物系统中国分公司正式成立,注册名为"爱普拜斯应用生物系统贸易(上海)有限公司"。

⑤ 另外一个流行的译名是"巴克斯特国际公司"。

⑥ 也翻译成"追踪股"。与 targeted stock(目标股)意义相同,与所谓"字母股"(letter stock)(alphabet stock)也有联系。是一个公司公开发行上市的一种特殊普通股,用来专门定向跟踪该公司内部一些特定部分或一特定附属子公司的经营业绩。作为一种新的资本运营方法,是重要的创新型金融工具和企业股权重组工具,为许多大型企业所青睐。定向股据称最早由美国通用汽车公司创造使用。定向股的创立并不改变公司董事会构成及母公司对经营单位的管理控制权。创立定向股的动因有很多,与本书相关的大体为:释放在多元化经营中被忽略的隐蔽价值;增加资产透明度和募集外部权益资本的弹性等。

⑦ 也被称为押赌注。指做出往往要多年之后才能见到结果的、有风险的赌注式决策。如石油勘探项目。

⑧ 1 英寸=2.54 厘米;1 英尺=30.48 厘米。

⑨ 亦称为横向思维、水平思考等。泛指多角度而非单一角度进行思考的方法。

⑩ 遍查手边和网上所有可以找到的字典,都查不到 out of the bushes,根据 bushes(灌木、灌木丛)和 woods(木、树林)的渊源关系,译者猜测这或许是作者将其与 out of the woods(脱离险或困境)混同了。因此,上面的相关文字似亦可译成"……在竞争对手们还没有来得及站稳脚跟的情况下,……"

⑪ 七国集团(G-7)的英文也作 G7 或 Group of Seven。指英、法、德、意、日、

美、加七大工业国。具体是指肇始于 1976 年的七国财长会议。这些国家的财长们为讨论经济政策每年会聚会数次。

⑫ 此处的 best of all worlds 应该是 best of all possible worlds［所有可能的世界当中之最美好者；世间最美好之处；人世间；（引申为）十全十美，尽善尽美］的省略写法。德国哲学家莱布尼茨（Gottfried Leibniz）和法国作家伏尔泰（Voltaire）先后对这一概念进行过探讨：前者认为既然上帝是善和万能的，既然他从全部可能性里选择了这个世界，那么这个世界就一定是好的，是所有可能的世界当中之最好的；而后者则在自己的著作里对莱氏这一理念，进行了讥讽。可参见：http://en. wikipedia. org/wiki/Best_of_all_possible_worlds。

⑬ 原文为 support organization，也有人译成"支援组织"。

⑭ 英文名字 Louis Gerstner 的标准翻译，应为路易斯·格斯特纳。此处从业界习惯译法——应是半音译半中式名字混合的结果。

⑮ 据查，这里的去年（last year），指的是 2005 年（7 月）。这一年其"飞行常客计划"（frequent-flier program）被剥离，剥离后的名字为"飞行计划"（Aeroplan）。

⑯ 1930～2001 年间，该公司一直叫做 Great Universal Stores Limited（大世界百货商店或大世界百货公司）。从 2001 年起，该公司改名 GUS plc（大世界百货上市有限公司）。其中，GUS 是英文 Great Universal Stores（大世界百货商店或大世界百货公司）的首字母缩写，plc 是英文 public limited company（上市有限公司）。所谓"上市有限公司"（plc），是英国及爱尔兰等国家的一种有限公司类型，其股票可公开上市交易。

⑰ 此处原作者有误。该公司上市交易时间应是次年，即 1931 年。参看：http://www. thecatalogshop. co. uk/catalogue-history/great _ universal. php。

⑱ DIY 是英文 do-it-yourself（自己动手的，供业余爱好者自己装配的；自行动手，自行维修）的首字母缩写。

⑲ FTSE 100 是英文 *Financial Times* Stock Exchange 100 Index（《金融时报》证券交易 100 指数）的首字母缩写，亦简写为 FTSE 100 Index（其中

FTSE 的英文发音是"*footsie*")。该指数创立于 1984 年 1 月 3 日。是在伦敦证券交易所(London Stock Exchange)上市的最大 100 家企业的股票指数。该指数和其他一些相关指数由独立的"《金融时报》证券交易集团"(FTSE Group)——伦敦《金融时报》与伦敦证券交易所的合资公司——经营管理。

⑳ 摩根大通(J. P. Morgan)全称为 J. P. 摩根大通公司(J. P. Morgan Chase & Co.)。它是 2000 年年底,美国第三大银行大通曼哈顿公司(Chase Manhattan Corporation)对第五大银行 J. P. 摩根公司(J. P. Morgan & Co. Incorporated)购并的结果。

㉑ 此处(原书第 80 页)原文为" $ 35 billion"(350 亿美元)。对比上下文(例如原书第 78 页),应是" £ 35 billion"(350 亿英镑)之误。

㉒ 一译"施乐帕洛阿尔托研究中心"。其中 PARC 是英文 Palo Alto Research Center(帕洛阿尔托研究中心)的首字母缩写。该研究中心成立于 1970 年的美国加州帕洛阿尔托(Palo Alto),是施乐公司(Xerox)成立的最重要的研究机构,也是激光打印、分布式计算、以太网(Ethernet)、图形用户界面(GUI)、面向对象编程以及普适计算等的创新发明者。2002 年独立为公司,成为施乐的全资子公司。现已由 Xerox PARC 改称 PARC。该中心网站为 http://www.parc.com/。

第四章

① 有关哈曼卡顿(Harman/Kardon)和马克莱文森(Mark Levinson)这两个品牌的译名,也有人写作哈曼-卡顿和马克·莱文森。此处从业界习惯译法。燕飞利仕(Infinity)(也有人写成"燕飞利士")亦被译为"音斐利添"。

② 原文误写为 Becker autophon。第二个单词的首字母 a,应是大写 A。贝克尔公司由德国人马克斯·埃贡·贝克尔(Max Egon Becker)于 1945 年创立。多年来贝克尔缔造了业界的许多个第一,其中包括:1945 年,造出了自己的第一台飞机用无线电接收设备——"贝克尔飞机收音机";1948 年,生产出世界上最早的汽车收音设备——"贝克尔汽车收音机"

(Becker Autophon)；1949 年，世界著名汽车厂商梅赛德斯-奔驰成为其第一家 OEM 客户。

③ 流行在欧美民间的一句谚语。是对苦难生活（清理满是粪肥的马厩）中的乐观情绪（既然到处都是粪肥，就一定能找得到美丽的小马驹）的一种肯定和宣扬。换言之，这是对打扫谷仓里的马厩——每一个乡下孩子都憎恨做的琐细无聊的苦工——的一个开朗乐观的所指。它意味着，即使当你在没膝的粪肥和生活垃圾中行走时，你仍要保持积极向上的人生观。否则的话，你可能就不会意识到这种艰苦的情境正提交给你的益处和机会。作为一个结果，即使在现实的"马厩"里，从来没有发现一匹小马，但对于艰苦的工作，却肯定学到了很多。另外一种说法是："那里一定有一匹小马"本是与一对双胞胎兄弟有关的一个寓言故事。他们一个很乐观，一个很悲观。当父亲带他们去看心理医生时，医生把乐观的孩子放在了到处是马粪的马厩里。回来看他的时候，他非但没有愁容满面，反而心情愉快地在挖地劳作。他的看法是：这儿既然有这么多马粪，一定会有一匹小马！该寓言的逻辑是，即便境遇如粪土般恶劣，人也不能消极，不能放弃憧憬与希望。

④ 亦称心智地图、心象图、认知（地）图及意境地图等，地图学词汇。指的是人通过多种手段获取地理环境信息后，在头脑中形成的关于认知环境的空间概念。亦指依据人记忆中有关地理环境的印象所描绘的地图。可参看：http://www.telecarto.com/content/maincontent/download/PDF/MapWord.pdf。

⑤ 电脑辅助设计（computer-aided design）通常缩写为 CAD。最初 CAD 主要代表电脑辅助绘图（computer aided-drafting），后来才过渡到代表更深层次的电脑辅助设计。有时亦混合写成电脑辅助绘图和设计（computer-aided drafting and design 或 computer-aided design and drafting），可缩写为 CAD，亦可缩写为 CADD。CAD 以软件为主，同时涉及专用硬件。指运用电脑技术以模拟实物的方式（"二维"或"三维"），来帮助设计并绘制零部件或完整产品的图形——包括技术制图和工程制图。除外观外，也完美展现其结构、色彩和质地。CAD 在工业、平面印刷与

出版等众多领域都作用重大。

⑥ "万福马利亚"（Hail Mary），本是天主教祈祷词，也译作"万福玛丽亚"。而"万福马利亚战略"（Hail Mary strategy），通常被称为"万福马利亚传球"（Hail Mary pass），是美式足球（橄榄球）比赛中关键制胜的最后一球。具体而言，它所描述的是这样一种情境：在美式足球（American football）比赛当中，当一个队在比赛结束前的片刻时间里，眼瞅着正在失去一场势均力敌的比赛，而又偏偏远离它的进球线或球门线。此时唯一的选择，就是所谓的"万福马利亚"式传球。这意味着你将足球沿着球场尽可能远地抛出，并且向上帝祈祷（也即是所谓"万福马利亚"了），你的球队里能有人设法以某种方式将球接住，并闯入对方端区（end zone）而达阵（touchdown）得分。它成功的机会最多是百分之一。对方球队对"万福马利亚"传球的应对方式通常是，按照战术安排将球击落拍出，而不是完成一次冒险的抄截。被引申为除了冒险一试之外，没有什么别的选择的、唯一的破釜沉舟式机会。其实篮球比赛当中，也有类似的情况：当比赛即将终了时，有幸抢到篮板球的人，通常都已来不及将球运或传到另一端的篮下，只好用尽全力将球抛向遥远的篮筐——希图碰一下运气。可参看：http://www.b92.net/eng/insight/opinions.php?nav_id=49955。

⑦ 英文字 one（一）意义虽然简单但又比较松散，因而 of one 的译法就比较复杂多样——如所谓"一的法则"（law of one）或"一个人的派对（约会）"（party of one）。此处 segments of one 里的 one 的基本意思应是"同一个物或人"。本句话的基本逻辑内涵是：同一个人在不同的背景下，会做不同的事情；同样地，同一类产品或服务（如本自然段中所举的足球和球鞋）在不同的应用场合下，也会派生出不同的细分客户群。

⑧ 也写作 pincers movement 或 pincers。也翻译成"钳形运动"或"两翼包抄"。

⑨ ING 是荷兰语 Internationale Nederlanden Groep（荷兰国际集团）的首字母缩写。这家 1991 年由银行集团和保险公司组成的企业集团，由于其缩写名 ING 很快取代了其全称流行开来——一如 IBM 相对于国际

商业机器公司,也将其官方名称改为 ING Groep N. V. (ING 集团)。其银行业务(ING Bank)也被译为"荷兰商业银行"或"荷兰安智银行"。

⑩ 也有人将其译为"ING 直营部"或"ING 网络银行"。

⑪ 按通常译法,Elton John 应是埃尔顿·约翰。本译此处从业界习惯译法。生于 1947 年的艾顿庄,1967 年前的本名为雷金纳德·肯尼思·德怀特(Reginald Kenneth Dwight),系英国著名流行歌手兼钢琴家与作曲家。有人更将他称为 20 世纪 70 年代以来英国最杰出的摇滚歌手。

⑫ Essbase 这个产品名称,是根据英文 Extended Spreadsheet Database(扩展的试算表数据库)缩写而成。作为海波龙解决方案公司(Hyperion Solutions)的联机分析处理(OLAP)和业务分析服务器技术,Essbase 是专为生成报表而设计的商务智能工具,一个能提供详细分析的功能强大的联机分析处理系统——能够为快速开发定制分析和企业绩效管理软件提供环境。

⑬ SEC 是英文 U. S. Securities and Exchange Commission(美国证券交易委员会)的首字母缩写。为了确保公众的知情权和证券交易的有序、透明和公平,作为美国证券交易权威管理部门的"证交会"要求上市公司向公众定期披露有意义的财务及其他资料。这些材料的披露主要就是以向该"证交会"定期申报的方式进行的。

⑭ 这个英文名字的直译应是肯·谢诺。此处从业界和媒体习惯译法。

⑮ 也可译为"赊账卡"。签账卡并非信用卡。它与后者的最大区别在于:在付款方式方面,签账卡不能像信用卡那样,使用循环信用押后部分款项之支付,而必须于缴款期限内全数缴清。此外,签账卡在签账限额上也更有弹性,因而拥有更高的消费能力。还有,签账卡除审核标准比较严格外,入会费及年费通常也比信用卡要高出不少。

⑯ 另外一种中文译法是"维萨卡"。

⑰ 通常缩写为 SOW,也称"客户份额"。指一家企业的产品或服务在某一个客户该类消费中所占的比重。通俗地说,它提供的是这样的信息:即客户花多少钱购买一家企业的产品或服务,以及花多少钱购买其竞争对手的产品或服务。与市场份额着眼于以产品为中心的市场占有率不同,

钱夹份额着眼的是以客户为中心的单个客户的持续购买力、价值贡献量以及忠诚度。强调的是客户群构成的质量，而非数量。

⑱ lead user（领先用户、领先使用者或"领头用户"）概念来自于一种创新方法，一种强调消费者或用户作用的所谓"消费者创新"理念。领先用户不是普通用户，而是具有建设性超前意识的使用专家，请他们为产品或服务出谋划策的做法越来越普遍。由领先用户参与开发的产品或服务概念，往往比较新颖，有比较大的市场开发潜力和比较重要的战略意义。由于领先用户们对产品和服务非常了解，其消费行为对大众有较强的示范效应，他们今天的强烈需求有可能演化为大众未来的普遍需求。当然，也可能导致无法取悦于普通用户的曲高和寡。

⑲ 所谓相类同世界（parallel worlds），一般按最一般的字面意义翻译成"平行世界"。物理学界即有所谓"平行世界理论"（parallel worlds theory）——亦称"多世界理论"（many worlds theory）：该理论认为，实际上存在着和我们地球所处的这个宇宙平行的、无穷多的宇宙。此处根据本书具体的上下文，按 parallel 一词的引申义"类似的、相同的、相对应的"等，翻译成"相类同世界"。

⑳ CAT 是英文 computerized axial tomography（电脑轴向断层摄影术或电脑 X 射线轴断层照相术）的首字母缩写。

㉑ EMI（百代）是英文 Electric and Musical Industries Ltd（电气和音乐实业公司）的首字母缩写。英国百年老字号唱片集团公司。早在 20 世纪 20 年代，EMI 旗下的法国 PATHE - MARCONT 唱片公司便率先在上海成立分公司"百代"[Pathe-Marcont of EMI (Shanghai)]——周璇、聂耳等皆是其麾下名艺人。"百代"一词既是 PATHE 的近似音译，也含有一定程度的意译成分——至少揭示出了该公司历史的悠久。

㉒ 也有人翻译成"伯马公司"。全称为 Bowmar Instrument Corporation（鲍马尔仪器公司），1951 年由爱德华·怀特（Edward White）创建。1971年，该公司推出了全球第一款手持计算器"鲍马尔电算脑"（Bowmar Brain）。

㉓ "脑力风暴"系英文 brainstorm（可用为动词或名词）或 brainstorming（用

为名词）的直译。最早大概因谐音而脱胎自 rainstorm（雨暴、暴雨、暴风雨）。作为一种思考或创意的方法，指疑难的自由讨论式集体攻关。也即是汉语中"集思广益"、"群策群力"及"献计献策"等成语所包含的意思。既是西方企业管理学界使用得非常频繁的一个术语，也是风行众多企业管理层的、一项行之有效的脑力实践活动。此处之所以选择直译，是因为很难找到一个十分贴切的汉语词，将原文所具有的那种直观有力的形象化表征和毫无遮拦的视觉冲击力，完整传达和体现。据称，在《你的创造力》（*Your Creative Power*，C. Scribner's sons 出版社 1948 年版）一书中，亚力克斯·奥斯本（Alex F. Osborn，1888～1966）最早介绍了已在他所创办的全球知名广告代理商 BBDO 公司中，使用了多年的创意技术 Brainstorming（脑力风暴）。

㉔ 约翰·布伦瑞克（John Brunswick）的姓 Brunswick（布伦瑞克）与宾士域公司的英文公司名（Brunswick），其实是同一个词。本书所采用的该公司译名，系其中国分公司所使用的译名。可参见成立于 2007 年 7 月的"宾士域中国"的网站：http://www. mercurymarine. com. cn/home. asp。

㉕ 美国俄亥俄州（Ohio）西南部城市。

㉖ AMF 是英文 American Machine and Foundry（美国机器与铸造公司）的首字母缩写。该公司创立于 1900 年，曾一度是美国最大的休闲娱乐设备厂商之一。它最早的业务是出产香烟制作机械。目前唯一剩下的资产是成立于 1936 年、总部设在弗吉尼亚州、业务遍及全球的 AMF 保龄球公司。

㉗ 原文是 as if the company were a cat（好像该公司是一只猫）。这句以虚拟语气表达的话所隐约提示的，其实是"猫有九命"（A cat has nine lives）这样一句西谚。

㉘ 即 Mercury Marine（水星海事公司）。创立于 1939 年。

㉙ kit car 也写作 kit-car。本意是指可通过套件形式获得的汽车——自己购买汽车套件自己组装成车。也就是说，"套件车"的车主实际上买回的是必须自己组装成车的一套零部件。因此，也可意译为"手工车"。这类

车如引擎等许多大的机械零件通常是取自捐助车或其他形式的二手车。此外，"套件车"也常常引申为厂商向公众出售的一批样品或模型车。

㉚ GPS 是英文 Global Positioning System（全球定位系统）的首字母缩写。通称全球卫星导航系统或全球卫星定位系统。通过接受卫星所发射的导航信号，它可以获取全球 98% 的地表上物体的经纬度与海拔高度等位置信息。具有全天候高精度的导航、防盗以及防劫等功能。该系统是美国耗时 20 年（20 世纪 70～90 年代）研发的第二代卫星导航系统。

㉛ 爱尔兰大文豪、剧作家（1856～1950）。1925 年诺贝尔文学奖得主。其英文名字全称 George Bernard Shaw，可直译为"乔治·伯纳德·肖（萧）"。本处从业界习惯译法。

第五章

① 也称"乘数效应"。在经济学里，倍增效应是指这样一种思想，一项初始开支的上升可能会导致国民收入的更大增加。换言之，总需求的一项初始改变，可能会导致经济总产出的进一步变化。

② 此处原文作 Tapping in to them，疑为 Tapping into them 的误排（所谓 typo）。tap into 义项为一般字典所未收录。根据《韦氏在线辞典》（*Merriam-Webster*），tap into 的意思是 to make a strong or advantageous connection with ＜trying to tap into a new market＞（"建立或维持强大的或有利的联系＜如，尝试进军一个新市场＞"）。参看：http://www.merriam-webster.com/dictionary/tap%20into。

③ 截至 04/05 年度，数量有 160 家的"特易购都会店"的规模，介乎标准"特易购"超市（Tesco superstores）和"特易购便捷店"（Tesco Express）之间。它们主要分布在城市中心、内城和小城镇的主街道。店面大小通常为 650～1 400 平方米（7 000～15 000 平方英尺）之间。相比之下，数量最多（约 550 家）的"特易购便捷店"的店面，最大不超过 280 平方米（3 000 平方英尺）。后者通常设在繁忙的城市中心区、住宅区内的小型商场、小城镇以及加油站内。作为居民点附近主营食品的便利店，由于缺乏规模经济，只有在日常必需品而外重点关注高利润产品。可参看其公司主页及：http://www.

tescocorporate. com/publiclibs/tesco/CoreUK. pdf。

④ free agent 在商业领域指自由职业者、个体经营者。而在职业体育运动领域，则指可以和任何球队签约的职业运动员、球员。具体而言，在职业体育运动中，一个自由球员是指这样一种球队队员：他与球队的合同已过期，如果被另一支球队选中的话，该球员能够与之签署合同。在北美地区，该用语在体育联赛停止使用"保留条款"（reserve clause）后被广泛使用。一旦处于自由球员地位，一名球员就等于置身于一个大的有着同样身份的群体内，具有很强的就业市场讨价还价能力（薪酬等方面），因为球队业主们现在必须对他们展开竞争。胜出的球队可以与其中被它相中的球员签约。至于 free agent mania，也写作 free agent madness。既指职业球员转会的频率，也指各球队对大牌球星或球员的激烈争抢，以及由此所导致的天价薪酬给付现象。

⑤ 学界对于这一个概念的翻译和理解，历来就至少有两派：一个是如本书所译"核心竞争力"或"核心竞争能力"，另一个是直译的"核心能力"。都各有其道理：后者的逻辑支点是，competence 这个英文词的基本含义就是"能力、称职或胜任等"——不能望文生义，随便生发；前者的逻辑支点是，competence 这个英文词所表示的"能力"并非普通的能力，而是在对比和竞争的环境中，让拥有者能够脱颖而出、轻松胜任的特殊能力——换言之，是一种竞争能力。

⑥ 胰蛋白酶的英文通写为 trypsin。此处应是变体或误排。

⑦ 也可直译为"设计师酶"。指与纯自然提取的天然酶相对的、人造（所谓"设计师"专门设计的）的有效酶。酶虽然是强力的催化剂，但自然产生的酶所能完成的反应毕竟有限。设计师酶的初衷就是想要为那些天然酶所达不到的反应——自然界中不能正常被催化的反应设计专门的酶。理想状态下，设计师酶可以办到那些天然酶无法办到的很多事，诸如防御生物战和制造更有效的药物等。可看看："化学家创造的'设计酶'"（'Designer enzymes' created by chemists）http://www. physorg. com/news125156349.html。

⑧ 也包括或翻译成圣盘、圣碟。基督教传说为耶稣在最后的晚餐中所使

用，据称拥有不可思议的神奇力量。比喻为人们长期梦寐以求的东西：当一个事物被称为圣杯，意味着有人在尽最大努力试图获取它。

⑨ 该公司全称为 Aker Kvaerner（阿克科瓦纳）。

⑩ 虽然以一个多元化企业闻名于世，ITT 的起步产品却是电话。最初（1921 年起）的公司名称叫"IT&T"（国际电话电报公司）——很像美国的美国电话电报公司（AT&T）。1979 年改名为 ITT。ITT 从 1960 年到 1977 年，在哈罗德·吉宁（Harold Geneen，1910～1997）主掌时期达到企业扩张的顶峰，平均每星期收购一家企业，共收购了哈特福德保险（Hartford）和安飞士汽车租赁（Avis Rent-a-Car）等 350 多家公司。不仅从一家年营业额 7.6 亿美元的中型企业，成长为活跃于 20 多个行业的 170 亿美元的跨国集团，更成为现代化大型国际联合企业的样板。可参看该公司网页：http://www.itt.com.cn/zhiye.htm。

⑪ 原文为 a siren's song。塞壬（Siren）是希腊神话里半人半鸟的女海妖。据说，她常以曼妙优美的歌声诱惑过往船只，使其最终触礁沉没。她的这一名字后来在被借指妖艳女人或迷人女歌手的同时，也被引申为有预警作用的警报器或汽笛。

⑫ 是英文 chain reaction 的翻译。也译作链反应、连锁反应（俗称），系物理和化学术语。指一种反应生成的产物能够自行引发进一步的同类反应。比喻若干个相关的事物，只要一个发生变化，其他都跟着发生变化（《现代汉语词典》，商务印书馆 2002 年增补本，第 783 页）。

⑬ 微创手术 LIS 是英文 Less Invasive Surgery 的首字母缩写。可直译为"较小创口手术"。更为流行的说法是 MIS（德语为 MIC），是 Minimally Invasive Surgery 的首字母缩写。可直译为"最低限度创口手术"。作为一种新型的外科手术，它的另一个比较通俗而又著名的表达是所谓的"内窥镜手术"。

⑭ 现为 Biogen Idec（百健艾迪艾尔斯）。2003 年 6 月底，Idec 公司（Idec Pharmaceuticals）和百健公司（Biogen）通过股权交易，完成了价值约为 68 亿美元的兼并。催生了安进公司（Amgen）和基因泰克公司（Genentech）之后的世界第三大生物制药公司 Biogen Idec Inc。参看：http://

209

www. ebiotrade. com/newsf/2003-7/L200378122653. htm；http://
www. wral. com/business/local _ tech _ wire/news/story/1151367/?
print_friendly=1。

⑮ 百特(Baxter International)是该公司中国分公司官方网站的译名。媒
体中另外一个比较流行的译名是"巴克斯特国际公司"。后者估计是该
公司中国分支机构未设立前通行的中文称谓。

⑯ 紫杉(Taxus)是波士顿科学公司于 2004 年经美国食品和药物管理局
(FDA)认证后，在美国推出的药物洗脱支架的品牌名。但顾名思义，这
一名称与这种缓释型聚合物支架上所使用的加载药物——紫杉醇(Pa-
clitaxel)有密切关联。波士顿科学公司紫杉(Taxus)支架上使用的紫杉
醇属于紫杉烷类(taxanes)，由加拿大 Angiotech 药物公司授权波士顿
科学公司使用。这种目前已成为一种主要抗癌药的药物，主要通过防止
抗炎细胞聚集来避免支架发生再堵塞。

⑰ NeXT 电脑公司，为苹果电脑公司创始人之一史蒂夫·乔布斯(Steve
Jobs)于 1985 年被迫离开苹果公司后创立。1996 年被苹果电脑公司
并购。

⑱ PDA 系英语 personal digital assistant(个人数码助理器)的首字母缩
写。即掌上(微型)电脑。牛顿牌 PDA 是苹果电脑公司于 1993 年推出
的世界上首款高端掌上电脑。五年左右停产后，仍然为许多喜爱它的消
费者们所使用。

⑲ 此处显然为本书作者误记。根据作者本人的研究，珀金埃尔默也是从西
特斯公司(Cetus Corp.)处得到的聚合酶技术。可参见本书第三章第一
节"珀金埃尔默：改变 DNA"开头的相关叙述："在 20 世纪 90 年代早期，
几乎是出于一次偶然事件，珀金埃尔默通过与西特斯公司的战略联盟，
向另一个方向扩张业务，开发用于放大 DNA 的产品。在这一过程中，
珀金埃尔默取得了拥有被称为聚合酶链式反应(polymerase chain reac-
tion,PCR)技术的尖端程序的权利。"

⑳ 全称为 PwC Consulting(普华永道咨询公司)，系普华永道国际有限公司
(PricewaterhouseCoopers International Limited)的全球管理咨询和技

术服务分支机构。该公司于 2002 年 10 月被 IBM 并购。其三万名员工与 IBM 的三万多名员工,共同组成了业务遍及 160 多个国家的全球最大的咨询服务组织——IBM 商业咨询服务公司(IBM Business Consulting Services)。

第六章

① 本名为萨图尼诺·奥雷斯特斯·阿马斯·米尼奥索·阿列塔(Saturnino Orestes Armas Miñoso Arrieta)简称为米尼·米尼奥索(Minnie Miñoso, 1925～   )——米尼·米诺索(Minnie Minoso)则是媒体对他的讹称。这位古巴哈瓦那出生的美国有史以来最杰出的棒球运动员之一,与迈克尔·乔丹(Michael Jordan)一样也是黑人。

② 原文是 taking BP,BP 是 batting practice(击球练习)的首字母缩写。

③ 英文作 fallaway jumper,与 fadeaway jumper 同义。指篮球运动员投球前,微微向后同时向上呈后倾状跳起,以最大限度地避免被封挡。

④ 原文为 The typical time to recognize, execute, and reap the results of a new strategy was three to four years。翻译成中文大意为:"通常,去认识、执行及收获一个新的战略的成果的时间,是三到四年。"意思不通(动词 recognize 和 execute 的宾语应该是 strategy 而非 results)。为消除不必要的歧义,原文似应改为 The typical time to recognize, execute a new strategy, and reap its results was three to four years。

⑤ 欧文·贾尼斯(Irving Janis,1918～1990),系美国哥伦比亚大学博士,知名心理学家。一生致力于政策制定的心理学分析与危机管理等方面的学术研究。令其闻名遐迩的《团体迷思》(Groupthink)一书,出版于1972 年。根据他的原初定义,所谓"团体迷思"或"群体迷思"(Groupthink)是指这样一种思维模式:当置身于一个较有凝聚力的团体里时,成员们追求团队或群体共识的努力,盖过了他们现实地评估替代性行动路线或方向的动力。

⑥ 通译为"名人堂"。

⑦ 所谓"非现场会议"(off-site meeting 或 session),是指与在企业所在地

（办公楼内或企业会议室里）内部定时召开的会议（如每周例会之类）相对的、在企业外部的某一场所举行的会议。其主要目的之一，是为了避免在一个固定的内部场所进行的例会的低效和无聊感，是为了利用新的环境来激发与会者（如员工们）的创意火花、磨砺问题的解决技能。因应这样一种现实的需求，西方有很多专业公司，专门从事帮助企业或组织主办各种"非现场会议"的业务——帮助制订有助于激发看问题的新思路和新方法的计划或方案。

⑧ 也直译为"钱夹份额"、"钱包份额"或简称"客户份额"。是源自于市场营销学的一个概念。指对某企业的产品或服务的消费，在一个客户的同类消费中所占份额的大小。换言之，指对该企业产品或服务的采购额，占一个客户的采购潜力（某段时间内，客户采购同类产品或服务的金额总和）的百分比。也即是指，一个客户实际购买该企业产品和服务的支出占其采购同类或类似产品和服务的全部预算额的百分比。其背后的逻辑内涵是：客户在购买某一类产品或服务时，会比重不同、份额不等地从多个供应商处采购；客户从某一个企业所采购的量越大，意味着对该企业支出的"钱包份额"越大，对该企业的信任度或忠诚度越高。"钱包份额"数据可以通过一定的客户调查（如问卷设计）来获取。这一概念对于度量企业与其现有客户的关系，非常有效。

附录

① 所谓学习型公司或组织（Learning Company），并不是指具有相同蓝图的同一类公司——每个企业其实都是独一无二的，而是指一种共同的企业发展战略或管理模式。即学习、适应和发展能力的培养和发挥。学习型公司或组织作为一种理论，本身尚有待进一步完善，但其基本特点是，强调企业或组织成员作为一个团队共同学习的积极性与主动性；强调这种团队学习对于企业或组织知识积累和创意生成的意义；强调学习型企业或组织总是在与环境的互动中快速学习，并不断地进行自我变革和成长，以及知识型员工在这种变革和成长中的积极作用，等等。

② 本书原文作 Cap Cities，是一种简称——也有人写作 CapCities。全称为

Capital Cities/ABC。这一名称源自 1985 年，美国一家媒体公司 Capital Cities Communications（首府城市通信公司），以小博大地购并了 ABC（美国广播公司）。1996 年，当迪斯尼公司购并了 Capital Cities/ABC 之后，又把该公司改名为 ABC, Inc.。很多中文媒体把 Capital Cities 错译成"资本城市"或"资本城"，是因为不了解该企业发展背景所致。其名字中的 Capital 其实是美国各州首府的意思——该公司旗下的几家电视台的服务范围，涵盖了某些州、郡首府［如纽约州首府奥尔巴尼（Albany）］。故以之为名。

作 者 简 介

克里斯·祖克(Chris Zook),贝恩公司(Bain & Company)的一位合伙人,主管该公司的"全球战略实践"(Global Strategy Practice)分部。在贝恩公司的 20 多年间,他的工作一直专注于众多行业范围内那些寻求赢利性增长的新来源的企业。

2001 年,祖克的畅销书《回归核心》由哈佛商学院出版公司出版发行。该书发现保持了赢利性增长达 10 年甚至更久的企业的大多数都专注于它们的核心业务,而不是盲从多元化经营"塞壬之歌"般的致命诱惑。这本书提供了一种评估并充分利用核心业务机遇的方式。它的续篇《从核心扩张》(*Beyond the Core*)(哈佛商学院出版公司 2004 年版),考察了那些已充分开发利用了其核心业务的企业,如何能够系统成功地向更远处的"邻接"领域扩展。本书则完成了这一研究系列。该书考察了当企业过去的增长模式开始趋近于其极限时,企业能够做些什么;并要求企业改变其战略重心以重新界定自己的核心。

所有这三本书的写作,都是以贝恩公司始于 1990 年的一项涉及了全世界成千上万家企业的增长研究为基础的。该研究的成果逐年得到扩充,并被成百上千家所有各行业的成功企业所采纳和践行。

祖克还在商业报刊上大量发表文章,在达沃斯"世界经济论坛"(World Economic Forum at Davos)等商业论坛上频繁讲演,同时经常出现于电视广播节目中。他除了威廉姆斯学院(Williams College)的文学士学位(BA),牛津大学(Oxford University)埃克塞特学院(Exeter College)的经济学硕士学位(MPhil in Economics)之外,还持有哈佛大学的公共政策硕士(MPP)和博士学位(PhD)。